云南省少数民族村寨
旅游利益演化及调控研究

张 冬◎著

中国旅游出版社

前　言

　　随着旅游扶贫、乡村振兴等战略的深入实施，大力发展少数民族村寨旅游日益成为民族地区经济增长、居民脱贫致富、民族文化传承保护的重要途径。与其他旅游资源相比，少数民族村寨特色突出、游客吸引力强，其旅游发展速度快但同时利益诉求多样、局部利益关系失衡，由此引发的利益冲突逐渐成为少数民族村寨旅游可持续发展的显著制约因素，亟待解决。

　　通过对国内外民族旅游、旅游利益相关者相关文献进行归纳整理，本研究发现现有成果基本围绕旅游利益进行静态阐述与表达，对利益主体、利益诉求及利益关系的研究多停留在个案分析，缺乏对少数民族村寨旅游利益演化的动态考察，这为本研究提供了新的切入点和研究方向。本研究有助于丰富民族旅游发展及旅游利益相关者研究的理论体系。

　　基于对利益、旅游利益、少数民族村寨旅游的概念界定，借助冲突、经济演化、旅游地生命周期理论，本研究从利益主体、利益诉求、利益冲突三个方面分析少数民族村寨旅游的利益演化，针对少数民族村寨旅游发展过程中出现的"利益发生演变、利益关系失衡、利益冲突持续不断"问题，力图通过利益调控化解冲突、打破低效率路径依赖，实现少数民族村寨旅游的可持续发展。

　　结合理论分析和云南省民族旅游发展的实践经验，本研究认为在少数民族村寨社会经济的落后性和旅游产业的现代性两个条件的共同约束下，少数民族村寨旅游发展的基本过程可确定为萌芽、开发、发展、巩固、衰退五个阶段，该过程构成了少数民族村寨旅游利益演化的时间维度。基于此，本研究有如下发现。

（1）随着发展阶段的推移，少数民族村寨旅游利益主体趋向多元。本研究依据利益贡献度、利益享有度和利益影响度三个指标，利用专家评价法，对民族村寨旅游核心利益主体进行识别：在萌芽阶段，社区居民和旅游者为核心利益主体；进入开发阶段及以后，社区居民、旅游者、政府和企业共同成为核心利益主体，且具有长期稳定性；伴随利益主体的演化，少数民族村寨旅游从"内源式"的自发发展转向内源、外源式共同推进的"自发＋他推"发展模式。

（2）随着发展阶段的推移，少数民族村寨旅游利益诉求趋向多样。本研究指出旅游利益诉求可分为经济、文化、环境、政治及其他四个方面，各核心利益主体诉求围绕旅游产业的发展，从单纯的经济利益追求向经济、文化、环境、政治及其他等综合利益演化。社区居民的利益诉求具有层次性，由生存型向发展型转变；政府的利益诉求基本围绕政绩需求，由产业扶持转向社区居民生活水平的提高；企业的利益诉求始终以经济为主，同时注重对利益关系的协调与维护；旅游者的核心诉求是民族文化体验，经历了从猎奇性观光到重视旅游产品及服务的转变；学者等社会公众没有直接利益诉求，但对少数民族村寨旅游发展的影响力逐步增强。

（3）随着发展阶段的推移，少数民族村寨旅游利益主体博弈策略随冲突变化而演化。利益主体的增多以及利益诉求的多样打破了原有的利益均衡，利益冲突随之发生变化，通过博弈分析可知：萌芽阶段的核心利益冲突发生在社区居民与旅游者之间，最优的策略组合为社区居民规范经营、旅游者满意；开发阶段的核心利益冲突发生在政府、社区居民、企业三者之间，最优的策略组合为政府持公正立场、企业增加投资、社区居民配合开发；发展阶段的核心利益冲突发生在企业和社区居民之间，最优的策略组合为社区分享收益、社区居民积极参与旅游活动；巩固阶段的核心利益冲突围绕民族文化保护，最优的策略组合为政府引导、社区居民参与；衰退阶段的核心利益冲突围绕市场规模的缩小，最优的策略组合为企业积极创新、旅游者满意。

（4）随着发展阶段的推移，少数民族村寨旅游利益调控需阶梯式完善。少数民族村寨旅游利益调控是一个动态过程，要在政府主导下，吸纳社区居民、企业和社会公众共同参与；在萌芽阶段建立市场管理制度，在开发阶段建立多主体协商制度，在发展阶段建立旅游利益分配制度，在巩固阶段建立民族文化保护制度，在衰退阶段建立旅游市场创新制度，通过制度的阶梯式完善实现少数民族村寨旅游发展路径的优化。各阶段的制度建设是一个连续过程，与少数民族村寨旅游发展环境、前一个阶段发展成果密切相关。

在上述分析的基础上，本研究选择西双版纳傣族园和昆明糯黑村为案例，通过文献搜集、问卷调查、访谈的方式对其利益演化进行对比分析。结果显示：①企业的介入能够帮助村寨打破"内源式"发展的路径依赖，但也会引发诸多利益冲突，因此，少数民族村寨旅游需特别重视对引入企业的甄别与培育；②社区居民的主要诉求一直以经济利益为主，缺乏参与旅游公共事务的渠道和能力，导致其政治性的诉求不强烈；③萌芽阶段的冲突影响最小，可通过进入开发阶段而自然化解，但开发、发展、巩固阶段的利益冲突如果不能有效解决，其影响会进一步恶化。

本研究的创新点主要体现在：①对少数民族村寨旅游的概念内涵与发展过程进行重新梳理，丰富了少数民族村寨旅游研究的相关理论；②突破以往对少数民族村寨旅游利益主体、利益诉求及利益冲突的静态分析，结合实践探讨少数民族村寨旅游利益演化，指出通过多主体的参与、对利益诉求科学引导、对制度进行合理安排能够有效解决利益冲突，可以保证利益结构演化的稳定性；③以少数民族村寨旅游作为研究对象，验证并丰富了旅游地生命周期理论，指出少数民族村寨作为微观的旅游目的地，尽管其开发模式不同，但可以发展规模为参照呈现特定的周期和过程。

目 录

第1章 绪 论

1.1 选题背景、问题的提出和意义

利益是推动人类社会发展的主要动力，贯穿人类社会发展的全过程。利益作为人类发展的动力机制具有正反两方面的作用，一方面推动了文明的进步和社会的向前发展，另一方面也引发了许多矛盾、冲突，甚至是战争。

旅游活动作为一种社会现象，是社会经济发展到一定阶段的产物，旅游经济活动已经成为许多国家社会经济发展的重要构成部分。由于自然环境、历史发展等方面的原因，我国民族地区存在十分落后的经济发展水平与异常丰富的旅游资源交叉重叠的现象，因此，经济不发达的民族地区往往通过发展旅游特色产业来带动自身经济社会的发展。同时，民族地区旅游产业在推动不同群体追逐自我利益、实现自我发展，并彰显其经济社会效益的过程中，也带来了诸多的问题、矛盾甚至冲突，影响着民族地区旅游经济的可持续发展和民族地区社会的和谐稳定。本研究将少数民族村寨旅游作为民族地区旅游的重要组成部分，将其置于民族地区社会经济快速发展的背景之下，伴随着旅游活动的开展来分析不同利益主体的利益诉求发展演化，并对其带来的矛盾和冲突进行分析，探索相应解决措施。

从我国旅游发展状况来看，民族旅游已经成为我国旅游发展中的热点和重要部分，少数民族村寨作为民族旅游发展的重要载体和基本单元，经过多年的发展之后，呈现出整体发展状况较好、局部利益关系失衡、偶发性矛盾冲突持续不断的状况，影响了民族地区社会经济的发展和稳定，而民族地区

的团结与稳定对于边疆地区有着非同一般的重要意义。因此，研究少数民族村寨旅游利益演化对解决由旅游利益失衡引发的问题具有重要的现实意义，同时，也能进一步丰富和完善利益相关者、旅游地生命周期等理论。

1.1.1 选题背景

在长期的历史发展进程中，我国形成了以"汉族为主体，多民族既相互独立又相互融合的民族共生大格局"。少数民族主要分布在我国中西部地区，集中在广西、青海、内蒙古、西藏、宁夏、云南、四川、新疆、贵州、海南10地。由于区域位置、环境条件、历史缘由等因素，民族地区往往经济发展水平滞后、公共基础设施缺乏、贫困人口较多、生态环境较为脆弱，一二产业发展受到制约。但同时，民族地区既拥有优美的自然风光，又拥有独特的传统民族风俗和历史文化，旅游资源的奇特性、综合性、不可替代性等优势成为民族地区旅游业发展不可多得的资源基础，旅游作为一种生态环保和可持续发展的产业形态，在这些地区有着广阔的发展前景和发展空间。因此，民族地区存在的优质旅游资源分布与经济发展贫困状况高度重合的特性，再加上市场需求的推动和政府政策的扶持，使民族地区成为我国旅游发展中的热点和热区，在我国旅游发展中拥有重要地位。

民族地区是我国旅游发展中的热点和重要部分。为了较为清楚地说明问题，本研究以广西、青海、内蒙古、西藏、宁夏、云南、四川、新疆、贵州、海南10地作为我国民族地区的代表，通过对其旅游人数及旅游收入进行分析来反映民族地区旅游在我国旅游市场中的重要地位和作用。本人搜集了以上10个省份2008—2017年旅游人数及旅游收入的数据，将每年的数据进行加总，计算其在全国旅游人数及旅游收入的占比，得出图1-1和图1-2。

结合图1-1，从2008年至2017年，10地的旅游人数之和占全国旅游总人数的比例从30.29%增长到56.32%，超过全国旅游人数的一半，在全国旅游市场中占据了半壁江山，是我国旅游市场的重要支撑。

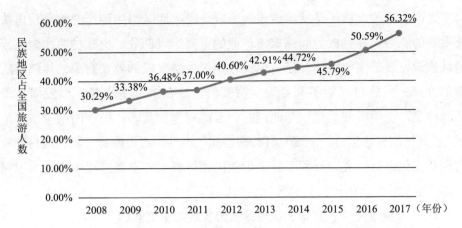

图 1-1　2008—2017 年民族地区旅游人数占全国旅游人数的比例

数据来源：2008—2017 年年度中国旅游业统计公报；2008—2017 年广西、青海、内蒙古、西藏、宁夏、云南、四川、新疆、贵州、海南各省国民经济和社会发展统计公报

结合图 1-2，从 2008 年至 2017 年，10 地的旅游收入之和占全国旅游总收入的比例从 33.62% 增长到 66.11%，除了 2011 年和 2014 年略有下降之外，其余年份均在增长，为我国旅游经济的发展贡献了重要的力量。与此同时，旅游产业也成为这些省份的支柱性产业，推动了当地社会经济的发展。

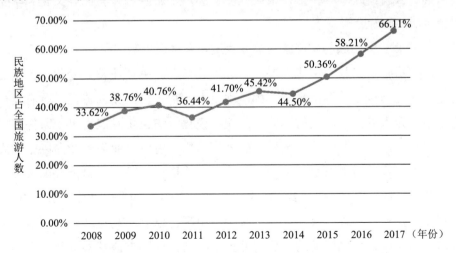

图 1-2　2008—2017 年民族地区旅游收入占全国旅游收入的比例

数据来源：2008—2017 年年度中国旅游业统计公报；2008—2017 年广西、青海、内蒙古、西藏、宁夏、云南、四川、新疆、贵州、海南各省国民经济和社会发展统计公报

无论从旅游人数还是从旅游收入来看，民族地区的旅游产业都呈现出快速发展的态势，并且成为我国旅游产业的重要组成部分。民族村寨作为民族地区旅游发展的主要载体，是研究民族地区旅游发展的重要对象，伴随着旅游的发展，民族村寨旅游利益发生演变且呈现出失衡的现象，引发多种矛盾和冲突，亟须得到重视。与此同时，云南省作为我国"民族团结进步示范区"，其民族村寨旅游的发展具有典型性和代表性，对云南省少数民族村寨旅游利益演化进行研究，有利于解决少数民族村寨旅游发展过程中出现的因利益而产生的冲突，维护民族地区社会的稳定。

1.1.1.1 少数民族村寨是民族地区旅游发展的主要载体

中国是一个多民族融合发展的国家，少数民族村寨作为民族地区基层社会组织单位，民族聚居最为集中，民族文化保存最为完整。民族地区具有开发旅游时间早、民族旅游产品结构多元、民族旅游类型丰富、旅游空间跨度较大等特点，是旅游者为体验独特的民族文化而最愿意前往的地区。从民族地区旅游发展的实际来看，许多以少数民族村寨为开发单位的旅游地大都成为热门的旅游目的地，广受旅游者的喜爱，如兼具乡村和民族特点的贵州千户苗寨、云南傣族园等，都在很大程度上满足了旅游者体验民族文化和享受田园生活的旅游愿望。

1.1.1.2 少数民族村寨旅游利益发生演变且呈现失衡现象

伴随着旅游产业的快速发展，少数民族村寨旅游利益发生变化，无论从利益主体还是从利益诉求来看，都呈现出多元化、复杂化的特征。政府及社会资本的介入为少数民族村寨旅游产业规模化、快速化发展提供了条件和机会，同时，也改变了少数民族村寨的经济结构，由以农业为主转向以旅游为主。外来游客的到来以及其他文化的侵入，使得少数民族村寨传统民族文化发生变化，打破原有的村寨结构。因此，伴随社区结构发生变化，分配不均、贫富差距拉大、民族传统文化异化等现象出现，原有的利益结构被打破，呈现出失衡现象，与之伴随的矛盾与冲突不断增加。探求涉及多方利益主体的旅游地利益关系演化机理，并构筑相应的调适机制，有利于解决少数民族村寨旅游发展过程中由于利益关系失衡导致的社会冲突和矛盾。

1.1.1.3 云南省少数民族村寨旅游具有典型性和代表性

云南省有 25 个世居的少数民族，就云南省本身的旅游资源来看，除了其自然生态优势，对于中外游客吸引最大的便是其独特多元的少数民族文化，在全国民族旅游发展过程中，起着重要作用，并发挥着重要价值。云南省作为我国典型的多民族聚居省份，习近平总书记对云南省提出"努力成为我国民族团结进步示范区"的要求，进一步彰显了云南省在我国民族团结进步事业中的重要价值和地位。长期以来，云南省依托具有特色的民族文化资源优势，积极发展旅游业，先后打造出丽江（纳西族）、大理（白族）、西双版纳（傣族）、红河（哈尼族）等一批民族旅游目的地，在这些知名旅游地的发展中，一个个具有特色的村寨成为旅游发展的重要载体，比如玉湖村、双廊村、傣族园、箐口村等在成为旅游目的地的同时，也为民族旅游的研究提供了天然的案例地和试验场。

1.1.1.4 发展少数民族村寨旅游对维护民族地区社会稳定具有重要意义

中国民族地区与边疆地区具有高度耦合的特征，在我国的社会经济、政治文化以及国防建设等方面发挥了重要的作用。改革开放以来，伴随着西部大开发的深入开展，在国家政策的支持下，民族地区通过招商引资的方式吸引了大量的资金以及技术等，使民族地区的经济社会发展水平得到迅速提高。但中西部地区社会经济发展存在着明显的非均衡性，虽然许多外来企业依托其资金、技术、人才、管理等优势，通过开发民族地区的资源而获取了可观的利润，而民族地区在经济发展水平上的"天然"落后状态使得中西部民族地区长期处于发展的末端，大部分居民的收入相对于东部发达地区居民来说仍然处于较低水平，"相对贫困感""相对剥夺感"的产生成为影响民族地区稳定和社会发展的重要因素。

旅游产业作为一个环境污染少、社会联动强、对外开放、劳动密集的综合性产业，相较于传统的工业、农业在保护自然环境、发扬传统文化、吸纳就业等方面有着突出的优势。民族地区旅游产业不仅能助推社会经济发展，还肩负着维护国家社会稳定的重任，对撬动民族地区经济社会发展、维护民族地区社会稳定具有重要意义。

1.1.2 问题的提出

中国真正意义上的少数民族村寨旅游出现在改革开放以后，民族旅游资源的吸引力，以及国际、国内旅游市场的兴起，为少数民族村寨旅游发展提供了生产及市场条件；国家发展旅游相关政策的倾斜，各地将旅游确立为支柱产业，包括内蒙古、新疆、西藏、青海、云南等民族地区先后成立旅游局或者游览事业局，为民族地区旅游产业发展提供了制度和组织上的保障，使民族地区旅游产业在经济发展中的重要地位得以确定。因此，在外部市场推进以及内部政策保障的共同作用下，少数民族村寨的旅游产业迎来了快速的发展。西部大开发政策的推进，为少数民族村寨旅游产业的发展提供了政策利好，进一步推动旅游产业走向发展和成熟阶段，伴随着国内旅游市场的井喷式发展，许多少数民族村寨成为热门旅游地，带动了当地社会经济发展和居民收入提高。

少数民族村寨凭借着自身的资源优势和旅游市场发展潜力，吸引了大批游客的到来，也吸引了社区居民的参与，还吸引了政府、外来资本等利益主体的介入，多个利益主体围绕旅游利益相互博弈，利益主体之间的合作与冲突共同牵引着少数民族村寨旅游向前发展。在少数民族村寨旅游发展过程中，传统的农业发展模式向现代化的旅游发展模式转变，传统的民族文化受到外来多元文化的冲击，受社会经济落后、产权制度缺失、社区居民经济发展能力弱等因素的影响和制约，以及"文化经济"的驱使，社区居民、政府、外来资本以及旅游者之间的权利失衡，少数民族村寨的发展呈现出"利益主体多元、利益诉求多样、利益关系复杂"的特征，逐渐出现市场秩序混乱、利益分配不均、传统文化被异化等现象，引发利益冲突不断。

利益冲突并非一成不变，而是伴随着少数民族村寨旅游的发展而不断演化，通过对少数民族村寨利益冲突案例的梳理（表1-1），可以发现，利益冲突普遍存在，征地补偿、门票分红、旅游经营等问题都可能引发利益主体之间的矛盾。就利益冲突而言，其产生的根本原因在于利益的异质性和有限性。此外，利益主体及利益诉求的变化均可能打破原有的利益均衡，产生冲突。

因此，结合少数民族村寨旅游产业发展过程，动态分析旅游利益主体及利益诉求的演化，进而梳理产生利益冲突的主要问题，提出利益协调机制，实现利益均衡，对于少数民族村寨旅游可持续发展具有重要意义。

表 1-1 少数民族村寨旅游利益冲突案例梳理

地点	事件	案例来源
四川省丹巴县甲居藏寨	地方政府不断提高门票价格激发了村民对门票分红的诉求，在 2004—2006 年，该村寨村民因为门票问题不断和乡政府发生矛盾冲突；村民为了提高收入，也常出现争抢游客的问题	少数民族村寨旅游开发存在的冲突与调适
	旅游开发之后，为了迎合游客需求，一些居民开始使用水泥等外地建材，甚至将传统嘉绒居建筑风格改建为宾馆"标间"风格，一定程度上破坏了甲居藏寨整体传统民居建筑风貌	四川民族村寨社区旅游社会冲突的调控机制研究——以甲居藏寨为例
	2006 年，"三姐妹"接待户接待游客和村民跳锅庄喧哗、吵闹直至深夜，妨碍了邻居家老人休息并引发邻里冲突，最后动用了 110	村寨社区旅游社会冲突的调控机制研究——以甲居藏寨为例
贵州省雷山县千户苗寨	2011 年，政府以 2 万元/亩征用土地修建旅游商品摊位，之后，大部分转让给了外来经营商，村民的利益受损，伴随着开发的深入，政府、企业及村民三方矛盾不断	"搭桥跨洞"：社会工作介入西江苗寨旅游利益冲突的角色和路径研究
	2012 年，雷山政府出台规定，村民的私家车白天不能在景区运营，抢夺了村民的利益，私家车主聚集围堵景区大门，产生冲突与对抗	生态心理学视阈下的民族村寨景区组织冲突研究
云南省景洪市傣族园	傣族园景区管理公司成立以前，缺乏统一管理，旅游市场秩序混乱，村民拉客抢客，竞相压价，彼此产生矛盾，同时，也引发了旅游者的投诉	社区参与旅游发展的实践逻辑及其增权路径——云南西双版纳傣族园个案
	1998 年，开始引入公司进行开发，2002 年，傣族园公司资金短缺，没有及时发放居民土地租金，居民围堵大门	西双版纳傣族园十年发展回顾

续表

地点	事件	案例来源
云南省景洪市傣族园	2010—2011年，公司没有发放教育补偿金和奖学金，还有几项补偿也没有实施，矛盾出现白热化，村寨居民重金聘请律师起诉傣族园公司，在政府的协商下，公司与村民达成利益共享协议，明确门票分成的比例	笔者调查
	2015年以来，由于租用时间不一致，土地租金价格出现三种类别，早期被租用土地的村民感觉不满，多次找公司；景区内开始出现异化建筑，破坏了传统建筑景观的整体性和统一性	笔者调查
贵州省六盘水市陇戛寨	2013年，在梭嘎生态博物馆建设发展过程中，政府的优惠政策不能覆盖全部社区，企业追求利润最大化，引发村民和企业之间的冲突	贵州民族村寨旅游发展中的社区冲突研究——以梭嘎生态博物馆为例
云南省香格里拉市吉沙村	2005年，开发商承诺为村民带来收益，实际过程中，只关注自身的利益，与村民产生冲突，景区开发一直处于搁置状态	旅游经济频繁错位开发，云南最后净土在劫难逃
四川阿坝藏族自治州牟拖羌寨	政府引入A企业进行资源打造和产品开发，在合作推进过程中，A企业妄图形成垄断，禁止村民自己制作旅游产品售卖，村民寻求政府帮助无果，形成企业、村民、政府三方矛盾。在村民强烈反对下，企业撤资离开，旅游开发与发展处于停滞状态	民族村寨旅游开发主体间的合作机制分析

长期以来，少数民族村寨旅游以其所承担的经济、社会、政治等多种功能而具有重要意义。本研究拟对少数民族村寨旅游利益演化及其相关问题开展研究，聚焦以下三个主要方面，并且力图有所突破，为少数民族村寨旅游可持续发展提供理论支撑。

（1）少数民族村寨旅游利益演化及其规律。少数民族村寨旅游利益演化包含哪些内容？少数民族村寨旅游利益演化呈现出什么样的变化特征和规律？

（2）少数民族村寨旅游利益冲突的表现形式。随着旅游开发的深入，旅游发展给少数民族村寨带来的负面影响也逐渐显现出来，这些负面影响的背后隐藏着什么样的利益诉求？这些矛盾和冲突呈现什么样的表现形式？本研究需要对少数民族村寨旅游利益冲突进行研究。

（3）少数民族村寨旅游利益调控机制。利益是造成冲突的根源之一。解决少数民族村寨旅游发展中出现的矛盾和冲突，势必要从利益方面来进行调控。如何构建利益调控机制？如何保护弱势群体利益，构建利益共同体？如何兼顾少数民族村寨经济发展的短期利益和可持续发展的长期利益？都是本研究需要解决的问题。

在旅游产业快速发展的过程中，少数民族村寨凭借其民族文化资源的富集性和独特性成为民族地区旅游发展的重要载体，也成为矛盾和冲突的集中地。针对存在的问题并给予高度关注，正是本研究问题提出的出发点。

1.1.3 研究意义

从现实发展来讲，对少数民族村寨旅游利益演化进行研究，构建适应性的利益调控机制，能够为少数民族村寨旅游利益调控提供应对措施，推动民族地区旅游产业可持续发展，维护民族地区的团结稳定。

1.1.3.1 现实意义

第一，推动民族地区旅游产业可持续发展。少数民族村寨作为民族旅游发展的重要载体和资源依托，其可持续发展受到诸多的挑战，例如文化资源产权模糊导致利益分配机制缺失、商业氛围过浓导致民族文化原真性丧失、游客过载导致生态环境遭到破坏等，这些问题和挑战损害了少数民族村寨旅游发展的形象，破坏了民族文化旅游资源，严重制约了少数民族村寨旅游的可持续发展。这些问题和挑战的出现大多是由于不同利益主体对各自的、短期的利益追求而导致的。通过对少数民族村寨旅游利益演化规律进行分析，针对由利益的交叠和摩擦而引起的社区冲突提供可行性措施，建立动态的利益调控机制，有助于引导民族地区旅游产业可持续发展。

第二，为少数民族村寨旅游利益调控提供应对机制。少数民族村寨旅游发展本身是一个综合性的系统，涉及不同的利益相关者，其所追求的利益也不同：企业期望获得更快的增长和更多的利润；政府部门期望旅游业的增长，产生更广泛的社会效益；游客则期望获得满意的旅游产品和服务；社区考虑的则是收入分配、参与空间、生活环境的改善等。这些利益在资源开发及旅游发展等方面存在交叠和摩擦，在少数民族村寨旅游发展的不同阶段所面临的利益主体及其诉求也不同。因此，通过对少数民族村寨旅游利益演化的研究，为少数民族村寨旅游利益调控提供应对机制，解决旅游发展过程中所面临的各类利益冲突。

第三，维护民族地区团结稳定。民族地区所呈现出的旅游资源聚集与社会经济落后重叠的特性，为民族地区发展旅游提供了资源基础，同时，也决定了旅游在民族地区所发挥的经济作用。发展旅游能够实现民族地区社会的进步和经济水平的提升，对于实现民族地区的安居乐业和团结稳定具有重要意义。而和谐稳定的发展环境、公正平等的利益分配机制是旅游业可持续发展的前提，也是民族地区社会经济和谐发展的基础。

1.1.3.2 理论意义

第一，探索少数民族村寨旅游利益演化机制。本研究将少数民族村寨旅游利益演变下的利益差异、利益摩擦、利益冲突、利益协调与民族地区社会稳定问题有机结合，突破了以往研究大多侧重于静态研究的惯例，从动态的视角关注旅游利益，发现民族地区利益演化规律，为少数民族村寨旅游发展提供理论指导。

第二，丰富利益相关者理论在民族旅游领域的应用。本研究在对利益相关者理论进行深入剖析的基础上，针对少数民族村寨旅游发展的实际情况，结合相关理论研究，从利益贡献度、利益享有度、利益影响度三个方面设计了少数民族村寨旅游利益相关者专家评价量表，丰富并拓展了利益相关者理论在民族旅游领域的应用。

第三，从演化视角为少数民族村寨旅游的可持续发展提供理论指导。本研究从利益演化角度审视旅游地的发展，描绘出在不同发展阶段旅游利益主体及利益诉求的特征，重点分析由利益诉求而产生的矛盾和冲突，提出不同阶段的利益调控机制，为少数民族村寨旅游的可持续发展提供理论指导。

1.2 文献综述

1.2.1 国内外民族旅游研究综述

民族旅游是一种文化现象，作为一种特殊的旅游形式，国外的研究起步较早。我国有 56 个民族，民族旅游资源丰富，为发展民族旅游提供了优越的条件。我国相关研究虽然起步较晚，但也取得了丰硕的成果。国内外相关研究主要集中在开展民族旅游的影响、民族旅游的发展模式以及民族旅游的社区参与。

1.2.1.1 开展民族旅游的影响

民族旅游的发展，对民族地区经济、社会、文化等带来了一定的影响。民族旅游开发所带来的影响一直是研究的重点，通过文献梳理，主要影响包括社会经济、族群关系、居民生产生活方式、民族文化四个方面，既有正面影响，也有负面影响。

David Jamison 通过对肯尼亚岛区旅游的研究，指出旅游的发展缓和了社区内部的种族关系，使社区重新认识了自身。Pierre L 和 Van Den Berghe 研究了墨西哥玛雅民族的旅游营销，指出通过旅游宣传，印第安人的地位提高了。Robes 和 Yiping Li 通过分析加拿大温根遗址公园，政府、商业组织和社区共同合作，共享利益，居民参与到旅游规划和开发中，提高了本地的发展能力。Gillespie 指出旅游经营者将当地生活毫无保留地展现给游客或者对当地土著文化不恰当的描述会导致土著文化的形象失真。受限于劳动技能的缺乏，当地人民在旅游中主要从事低级的工作，收入较低，限制了其改善生活条件和提高劳动技能的机会，大部分的企业归外来者所有，旅游业的经济收益大部分被外来利益集团获取，土著人民所获收入较少。郑小虎等人通过调查，认为旅游通过对民族文化的同化、商品化以及庸俗化，使民族文化的原生态土壤遭到破坏。陈刚指出民族地区发展旅游能够促进区域族群间的交流，强化民族认同感。薛熙明等人也认为旅游的发展能够不断深化民族认同的层次。

孙九霞等人指出通过参与旅游活动，当地居民的族群认同发生了变化，体现在宗教意识得以强化、传统习俗发生变化、旅游与传统产业的职业认同分化。陈修岭提出不同意见，民族旅游出现文化严重失真，甚至假借、移植他族文化的现象，弱化了族群认同。李强指出民族村寨居民通过发展旅游呈现出城市化的特征，由传统农民向新型农民转型。刘志扬等人指出民族旅游存在单一性和同质化的趋势，这种"麦当劳"化的趋势削弱了民族文化的自主和创新能力。田敏等人通过对贵州、湖北两省三个民族村寨的研究，指出旅游开发对民族文化变迁既有积极影响，又有消极影响，但以积极影响为主，积极影响主要是树立本地居民的现代商品经济意识，获取经济收益，打造传统民族文化的生存空间，推动传统文化的保护；而消极影响则表现为，对经济效益的片面追求影响了传统民族文化的"真实性"。

民族旅游通过开发模式、利益分配机制、产品打造等方式对民族地区的经济、社会以及文化产生着影响，既有好的，也有坏的。因此，对于发展旅游要持辩证态度，既看到其积极影响，也不能忽视其消极影响，依据目的地的资源特色、族群关系、民族文化等采取恰当的开发模式，建立合理的利益分配机制。还要充分发挥旅游的市场带动作用，促进民族地区经济发展。同时，也要注重民族群体的认同感和民族文化的传承，充分发挥旅游产业的社会、经济以及文化效益，实现民族地区社会经济的可持续发展。

1.2.1.2 民族旅游的发展模式

发展模式是指少数民族旅游从起步到成熟乃至衰落的发展过程中所遵循的原则、程序或方式。1978年至今，我国民族旅游不断发展繁盛，成为我国旅游市场的重要组成部分，也成为一些地区的支柱产业，为当地社会经济的发展做出了突出贡献，尤其是在促进经济发展和民族文化繁荣方面具有重要价值。对民族旅游发展模式进行梳理有利于我们对民族旅游的发展演化有深入的认识，探索民族旅游的发展规律。

由于投资经营主体、社区居民的参与程度、开发形态等的不同，旅游地的发展模式也不同。从投资经营主体上来看，民族旅游发展模式可以分为政府主导、企业主导和社区自主开发等方式；从社区居民的参与程度上来看，可以分为高度参与、适度参与、低度参与等；从开发形态上来看，有原地开发、政府主导、社区低度参与，异地开发、企业主导、社区低度参与，原地开发、政府主导、社区高度参与。张华明等人在指出不同模式优缺点的基础上，提出了一种兼顾各种利益群体的可持续发展模式——"CCTV"模式。丁健等人在对民族旅游开发影响因素分析的基础上，认为民族旅游开发模式从空间角度可分为原地开发和异地开发，从时间角度可分为短节庆模式和长期固定模式。李天翼通过对利益主体对旅游开发的决定作用进行分析，指出贵州民族村寨的开发模式可分为家庭主导型、集体主导型、政府主导型和公司＋政府＋旅行社四种，并强调无论采取哪种民族旅游开发模式，都应该充分了解和把握其中的利益主体及其利益诉求。谭志满等人对民族村寨旅游进行综述，指出民族村寨旅游的开发在带来积极意义的同时，也存在一些消极影响，学者们在发展民族村寨经济和保护民族村寨文化双赢的基础上进行开发模式的探索，主要有民族博物馆模式、民族文化村模式、生态博物馆模式、民族生态村模式、文化保护区模式和前后台模式。

民族旅游的发展模式多种多样，依据发展路径和参与主体大致可以分为8种类型（表1-2）。不管在哪种发展模式中，政府都占据着重要的地位和作用，对于社会经济基础较落后、旅游发展起步较早的地区，通常会引进大型企业或成立集体性质的公司来协助其共同发展，傣族园、大槟榔园等发展较早的景区都经历了并依然经历着企业主导的开发模式。企业主导进行开发，实质上就是引入市场机制，按照市场规则来进行开发和建设。从发展历史和目前的实际情况来看，企业主导的开发模式能够快速推动民族旅游的发展，实现"集中资源办大事"和"让专业的人做专业的事"。然而，随着目的地发展的深入，企业主导开发的弊端逐渐彰显，如忽视社区居民的利益、传统文化因过度商业化而遭到破坏……社区居民成为各类矛盾冲突的焦点，社区参与成为一种重要的发展手段，在旅游开发的过程中应充分尊重社区居民的意见，并通过产权等制度上的设计来保障社区居民的利益，如通过设立合作社保障社区居民的利益诉求。

表 1-2   民族旅游的发展模式

强调发展路径	民族生态旅游模式	保护当地的自然生态与文化生态环境，保持传统文化的完整性和传承性
	主题公园模式	在一个专门为开发旅游而建设的园区内，通过仿照建筑、节日等或者生产某些活动，集中呈现该民族的特征与精华，展现不同民族文化的旅游开发方式
	前台、帷幕、后台模式	通过空间的分隔，前台进行民族文化的展示与表演，使游客参与到民族文化旅游活动中，体验民族文化；帷幕是前台与后台的界限，后台则是对民族文化保护的"核心区"
强调参与主体和收益	社区参与	社区居民作为参与旅游发展的主要力量
	政府引导	政府通过制定产业政策来调控旅游业的发展
	市场主导	以市场竞争机制与发展为内在驱动力
	股份合作制模式	以合作为基础，社区居民、开发商等依据不同资本特色共同出资，共同享有旅游发展的成果
	CCTV 模式	一种多赢模式，以保护为前提，公司为主导，有鲜明特色，社区居民普遍收益

资料来源：作者根据文献整理

　　政府引导、市场主导、社区参与多种形态并存的发展模式逐渐成为主要模式。随着旅游市场由大众化向多元化、多样化方向发展，更加注重文化特色的打造，既要不干扰旅游地原住民生活、保证旅游文化原真性，也要能够满足旅游者需求。

　　在企业主导的发展模式下，以市场机制为主要依据进行利益分配，伴随而来的问题是民族社区居民由于自身条件受限，在市场竞争中处于弱势，还有就是市场经济对利润的追求所带来的商业气氛过于浓厚，破坏了传统民族文化的原真性。在社区参与模式下，能够较好地保障社区居民的利益，推动民族传统文化的传承和保护，但是社区的能力有限，带来的后果就是旅游产品的单一和相关配套不完善。在发展模式的选择上要兼顾不同利益群体的诉求，通过选择科学合理的发展模式，平衡多方利益，实现民族地区社会经济与民族文化的可持续发展。

1.2.1.3 民族旅游的社区参与

保继刚等人指出社区参与是在旅游的决策、开发、管理、监督等旅游发展过程中，充分考虑社区的意见和需要，并将其作为开发主体和参与主体保障旅游可持续发展和社区发展。从民族旅游发展的实践来看，社区居民难以参与到旅游活动中，其参与权经常被外来经营者剥夺，得不到有效保障。能否有效保障社区在参与旅游活动中的利益，决定了社区居民参与旅游发展的积极性，对民族旅游的长远发展有着重要影响。刘雪丽对社区居民的参与方式及受益状况进行了分析，指出社区居民参与旅游活动的热情与受益状况成正比，并探讨了如何建立保护社区居民收益的利益分配机制。李强等人指出在旅游活动中，不同文化族群间的接触往往会对旅游目的地社区带来或大或小的冲击，就民族社区而言，解决问题的途径是"社区参与"；社区参与是实现少数民族旅游业及其区域经济可持续发展宏观系统中不可缺少的机制。民族文化的保护和传承依赖当地居民，社区居民在旅游发展中的收益增多，其参与热情和参与程度也会提高，逐渐认识到良好生态环境和民族传统文化的重要价值，增强保护意识，形成文化与生态良性发展的循环。社区居民在民族旅游发展中具有多重属性，既是民族旅游资源的创造者和拥有者，又是主要的旅游吸引物，更是旅游不良影响的主要承担者，其充分参与旅游活动并获得收益具有必要性。如果部分社区居民对旅游发展丧失信心，便会心存抱怨，产生抵触，影响民族旅游可持续发展，而社区参与能够有效降低旅游发展带来的消极影响并促进旅游业的可持续发展。唐兵等人指出社区居民在旅游参与中处于"无权"或"弱权"状态，其主要原因在于法律对民族旅游资源产权界定的缺失。武晓英指出，产权的缺失影响利益分配，而利益分配问题则影响着社区参与的可持续性。孙九霞指出社区参与有利于推动族群文化保护，社区参与中的"文化自觉"能够为民族文化保护提供支撑。陈志永以朗德苗寨为案例，指出制度的构建能够实现社区居民的增权，推动社区参与的实现。然而，每个社区的社会经济、历史文化、旅游发展所处的阶段和类型不尽相同，社区参与的途径和方法也不能搞"一刀切"，社区居民应根据发展的阶段特征，采取不同的方式参与旅游开发。

在民族旅游发展过程中，社区居民具有多重身份。首先，社区居民本身是旅游资源的一部分，其所传承的民族文化是民族旅游的重要吸引物；其次，社区居民是民族旅游发展中的人力资源，通常承担着接待、服务、产品生产等活动，较少处于管理岗位；最后，社区居民还是旅游目的地的主人，是土地、房屋等资源的拥有者。然而，社区居民并未充分参与到旅游开发中，由此也引发了诸多的矛盾和冲突，社区参与是解决相关矛盾与冲突的出路。

1.2.2 国内外旅游利益相关者研究综述

1.2.2.1 旅游利益相关者的理念

利益相关者概念来源于西方的"股东"，指在组织中享有一定的权利，能够影响组织决策的人或者群体。1984年，弗里曼对利益相关者概念进行深化，使其成为一个系统而完整的理论，明确指出利益相关者是那些能够影响企业目标实现，并能够被企业实现目标的过程影响的个人或群体，组织为了实现可持续发展，不能仅仅考虑股东的诉求，还要考虑到受组织目标实现所影响和影响组织目标实现的其他群体，比如消费者、社会公众等。因此，利益相关者是一种可持续发展的观念和理论，从组织的可持续发展角度出发，充分考虑各个利益相关者的影响，能够有效处理发展过程中的冲突与矛盾。

旅游产业在最初的发展中被认为是"绿色、环保"的无烟产业，并且能够有效地推动落后地区经济社会的发展。然而，随着旅游产业的进一步发展，随之带来了旅游目的地承载力超限、东道社区居民利益得不到保障、旅游者与东道社区居民发生冲突等诸多的与自然环境、公平发展、社会和谐方面相关的问题，旅游可持续发展受到挑战。为了解决旅游发展过程中的矛盾，利益相关者理论被引入旅游研究领域，衍生出"旅游利益相关者"这一对应的术语。旅游利益相关者，从概念上来看，比较宽泛，其内涵既包含旅游企业的利益相关者，也囊括某一类旅游活动所涉的群体，还有指目的地在发展旅游的过程中所影响到的个人或群体。1999年，《全球旅游伦理规范》指出所有旅游的利益相关者，应当抱着实现良好的、不间断的和可持续的经济增长的目标，坚持平等的观点，既要满足当代人的旅游需求，也要满足未来代代人的旅游需要，对自然环境和资源进行保护。旅游发展中的利益相关者众多，主要包括旅游专业人员、旅游者、政府、客源国和东道国的公共机构、新闻记者（专业的旅游新闻记者及媒体）。

熊元斌等人指出在旅游产业不同发展阶段，各个利益相关者的重要程度是不同的，对旅游产业施加的影响也是不同的，而且随着旅游产业的不断发展，这些利益相关者的角色也在变化。因此，考量利益相关者在旅游发展过程中的作用有着重要意义。从研究的重点和实际的发展过程中来看，利益相关者理论较多地应用于旅游规划与管理，通过旅游利益相关者的参与，满足各利益相关者的需求，促进旅游目的地获得成功。保继刚、钟新民在《桂林市旅游发展总体规划（2001—2020）》中引入旅游利益相关者理论，这是我国较早的在旅游规划中考虑社区居民等利益群体意见的案例，在保障旅游规划科学性、促进旅游目的地可持续发展方面有着重要意义。张伟等人以乐山市为例，对旅游发展战略规划制定中所涉及的利益群体的意见进行征求和处理，使用利益主体理论来构建框架体系，对于旅游发展战略的公平性以及可持续目标的实现具有实际意义。石美玉指出旅游利益相关者之间产生冲突容易导致旅游规划失灵，可通过"多重决策权利平衡"等措施来解决旅游规划失灵的问题。赵书虹等人以丽江和香格里拉为例，指出能否协调好利益主体之间的关系决定了景区开发能否获得成功。旅游利益相关者是利益相关者理论在旅游领域的应用，也可看作可持续观念在旅游发展中的延伸，对其认识与讨论也是从可持续发展方面来展开的。

1.2.2.2 旅游利益相关者的识别

利益相关者理论在旅游可持续发展中彰显了其作用和价值，科学地应用这一理论必须以科学识别和判定利益相关者类型为前提。因此，对利益相关者的界定与分类成为展开研究的基础。

付俊文等人通过对利益相关者理论进行综述，分析了弗里曼和卡拉克森对利益相关者进行识别与分类的两种标准。弗里曼从所有权、经济依赖、社会利益三个角度对企业利益相关者进行分类，将持有公司股票定义为对企业拥有所有权的相关者，将经理人员、债权人、雇员、消费者、供应商、竞争者等定义为对企业有经济依赖的相关者，将政府领导人、媒体则定义为与公司在利益上有关系的相关者。卡拉克森主要是从风险的角度来界定利益相关者，认为利益相关者是以专用性投资的形式与企业发生关联，并因企业活动而承担风险的群体。此外，米切尔指出从合法性、权力性、紧急性三个属性出发可以将利益相关者分成三类，他的分类方法更具操作性，也推动了利益相关者理论的应用。

　　旅游产业具有复杂性和综合性的特征，受其影响的群体较多，而就旅游资源的属性来看，属于全人类的共同遗产。旅游地是一个系统，其利益相关者类型多样，利益关系错综复杂，依据不同的标准可以分为不同类型，具有多样性，这使得对旅游利益相关者的识别尤为重要并且困难。简·罗伯森等人（1996）绘制了以旅游经营商为核心的包含游客、媒体、地方国家级旅游景区等在内的 12 个利益相关者的图谱，该图谱分类较细，涵盖范围较广（图1-3）。

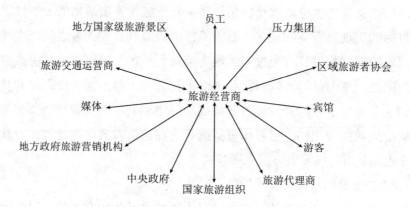

图1-3　旅游经营商的利益相关者

资料来源：简·罗伯森和伊恩·罗布森，1996

　　Sautter 和 Leisen（1999）描述了以旅游规划者为中心的利益相关者图谱（图1-4），涉及员工、本地市民、积极团体等在内，同时，他们也指出旅游参与主体具有动态性，在实际应用中，不同目的地的发展类型和特色不同，不能刻意照搬这个分类。

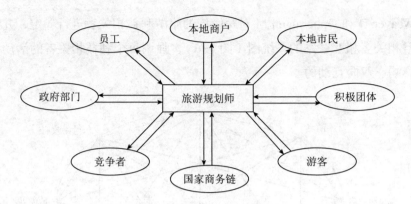

图 1-4 旅游业利益主体图

资料来源：Sautter & Leisen，1999

Sheehan 和 Ritchie 以旅游目的地管理机构（Destination Management Organization，DMO）为核心，依据各利益主体与其之间的联系，界定了 11 类利益相关者（图 1-5）。他们指出，各利益相关者之间联系的紧密性随连线长度增加而递减，线条越长，联系的紧密性越弱，线条越短，彼此联系的紧密性越强。从图 1-5 中可以看出，酒店、地方（村、乡）政府、地/省政府、会议中心、董事会、旅游景点属于紧密型的利益相关者。

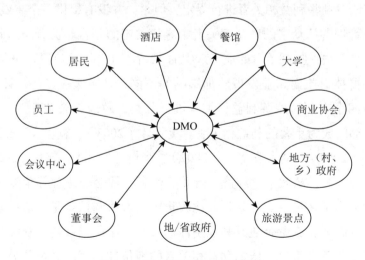

图 1-5 旅游目的地利益相关者

资料来源：Sheehan & Ritchie，2005

Weaver D 和 Oppermann M 对跨区域的旅游利益相关者进行界定，并绘制了利益相关者相互联系的系统图（图 1-6），强调每个利益相关者的活动都是互相影响、双向互动的。

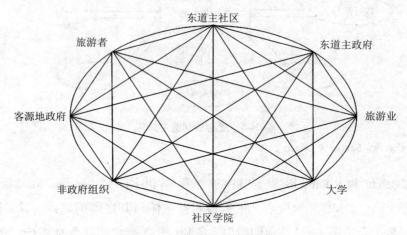

图 1-6　旅游利益主体系统图

资料来源：Weaver D & Oppermann M，2000

希翰等人（2005）指出，大部分文献对利益相关者的界定，都是依据类型指出应该对哪些利益相关者进行界定，但是，并没有提供一个有效的方法，帮助旅游管理者从众多的利益相关者中寻找关键的利益相关者。因此，他运用问卷调查方法，找到了目的地管理中的 12 个核心利益相关者。祝亚雯等人根据不同群体对旅游产业发展施加影响的不同，从政策、经济、社会文化、环境保护四个方面对旅游利益相关者进行分类，政府、旅游开发商、社区、其他相关部门成为重要的利益相关者。夏赞才（2003）、唐晓云（2006）、姚国荣等人（2007）、刘书安等人（2007）、张艳（2008）、郭贞（2009）、胡北明（2010）等，从政治、经济、行政、生态、社会、法理等角度对旅游利益相关者提出了多种界定和认识，比较集中的看法和认识是：依据旅游地系统功能，旅游者、旅游企业及其他主体、政府、居民、社会公众等共同构成了旅游利益相关者系统；依据利益相关者的地位和作用，其可分为核心利益相关者和非核心利益相关者，其中，核心利益相关者主要包括旅游者、政府、企业、社区居民四类，公众、媒体等属于非核心利益相关者。

1.2.2.3 民族旅游的利益相关者

民族旅游在发展过程中涉及不同类型的利益相关者，各利益相关者持有不同的利益诉求，如何进行利益分配、平衡利益相关者之间的矛盾，是民族旅游发展的重要基础。因此，对民族旅游利益相关者的研究主要围绕旅游相关者群体有哪些、不同群体之间的冲突以及相应的协调机制。

我国的大部分民族地区社会经济落后，缺乏旅游开发的启动资金、相关的管理经验以及人才，需要外来资本的协助，旅游活动才能够顺利开展。由于对外来资本过度渴求，有时候会给予外来资本政策、资源等方面的优先权而放弃社区的利益，进而引发矛盾。从利益角度来看，旅游相当于一个各种利益主体客观存在的场域，主要利益主体有社区居民、政府、公司、游客四个，这也是少数民族村寨旅游发展的根本力量。在民族旅游发展中，游客、政府部门、当地社区居民、旅游企业、其他组织和个体是主要利益相关者，要拓展利益相关者利益诉求的制度化表达空间，适度控制开发的规模和速度，增强民族地区旅游地旅游利益相关者整体系统的协同力。在旅游开发的过程中，社区居民利益得不到保障而引发其与开发商、政府部门等利益主体的冲突经常发生。吴忠军等人通过对龙胜龙脊梯田景区平安寨的利益分配现状进行分析，发现当地居民与外来投资者在利益分配方面存在矛盾，降低了社区参与旅游活动的积极性。

袁杰对以贵州反排村为案例，指出旅游经费的去向和透明化引发了社区居民与政府之间的冲突，在开发过程中，对政府与社区居民之间的利益协商成为苗寨旅游开发过程中的重要问题。

民族旅游利益相关者主要包括旅游者、社区居民、政府、外来资本、非政府组织（Non-Government Organizations，NGO）等，相关利益冲突多数围绕着"利益分配""民族文化保护"等问题而展开，并且，社区居民是利益冲突的核心，多数学者提出"社区参与"，鼓励社区居民积极参与到旅游的决策与发展当中，在获得利益的同时保护传统民族文化，实现旅游地的可持续发展。

1.2.3 综述结论

对国内外有关民族旅游、旅游利益相关者的研究成果进行综述，得到以下结论。

（1）旅游利益相关者界定为在旅游发展过程中，受到旅游发展影响或者能够影响旅游发展轨迹的群体。旅游利益相关者是利益相关者理论在旅游领域的应用，是可持续观念在旅游发展中的延伸。相关研究集中在利益相关者的界定和类型划分、利益相关者的利益诉求以及由此引发的冲突或者合作关系等方面。民族地区的旅游利益相关者主要包括旅游者、社区居民、政府、外来资本、NGO 等。

（2）在民族旅游中，相关利益冲突多数围绕着"利益分配""民族文化保护"等问题而展开。在这些问题中，社区居民是利益冲突的核心，现今学界对民族地区社会转型时期由于诉求差异、利益冲突引起的利益关系失调以及由此可能引发的深层次社会经济问题还没有准备好足够的对策研究和应对手段。多数学者提出"社区参与"，鼓励社区居民积极参与到旅游的决策与发展当中，在获得利益的同时保护传统民族文化，实现旅游地的可持续发展。

（3）现有研究成果基本上是对旅游利益的静态阐述和表达，关于利益主体、利益诉求及利益关系的研究大多数停留在个案分析上。针对民族村寨旅游利益演化的动态研究几乎没有，现有成果中未见针对少数民族村寨旅游利益演变的研究成果，相关的专题和实证研究尚属空白。

1.3 研究方案

1.3.1 研究内容

本研究的内容由 7 章组成，重点研究内容为第 3 章、第 4 章、第 5 章、第 6 章。具体内容安排如下。

（1）第 1 章是绪论。本章主要包括选题背景提出的问题与意义，国内外相关研究的文献综述，研究方案的设计。

（2）第 2 章是相关概念及理论基础。本章主要对利益、旅游利益、少数民族村寨旅游的概念与内涵进行分析，对冲突理论、经济演化理论、旅游地生命周期理论的主要观点进行分析，为本研究提供理论支撑。

（3）第 3 章是少数民族村寨旅游发展特征、利益主体及利益诉求的演化。本部分首先对少数民族旅游发展的基本路径进行分析，构建了利益演化的时间坐标轴，接着对旅游地的发展特征、利益主体和利益诉求的演化进行分析。

（4）第 4 章是少数民族村寨旅游利益冲突及其演化博弈。本章结合上文的分析，对各阶段主要利益冲突进行分析，构建冲突主体之间的演化博弈模型，并对最优策略进行仿真，为利益调控机制的构建提供基础。

（5）第 5 章是少数民族村寨旅游利益调控机制。本章针对不同阶段的利益冲突及利益主体博弈策略，结合参与主体、调控原则和制度建设，构建动态的利益调控机制。

（6）第 6 章为案例分析。本章利用典型案例剖析法和比较研究法，对两个村寨旅游利益演化进行对比分析，验证本研究的理论分析，并应用本研究所提出的利益调控措施来解决两个村寨在旅游发展过程中出现的利益冲突。

（7）第 7 章为研究结论、创新与展望。本章主要是对本研究的重要发现进行总结，提出创新点，并指出研究展望。

1.3.2 研究方法

（1）文献分析。通过多种渠道全面检索搜集了国内外关于旅游利益相关者、旅游者利益诉求、利益关系、民族地区旅游等相关研究成果，并在对文献资料进行系统筛选、阅读、梳理和归纳的基础上，厘清各领域的研究进展和主要观点。

（2）定性与定量相结合。在利益主体类型的界定和划分、利益诉求、利益冲突等方面的分析上采用了归纳与演绎、分析与综合等定性研究方法。在案例分析中，利用 spss 对问卷调查所取得的数据进行统计与分析，了解社区居民及旅游者利益诉求的状况。

（3）演化博弈。演化博弈能够突破传统博弈模型的完全理性局限，与演化理论有效结合，更好地刻画研究问题的动态变化过程。本研究通过构建博弈模型，考察不同发展阶段主要冲突主体之间的策略演化。

（4）比较研究。比较研究是指对两个或者两个以上对象进行比较，找出他们之间的共性以及异性的分析方法，该方法在社会学科中有着广泛的应用。对少数民族村寨旅游典型案例进行对比分析，分析彼此之间的差异，寻找共性，有利于探索少数民族村寨旅游利益演化的一般规律。本研究对云南省30个少数民族村寨进行对比分析，描述少数民族村寨旅游发展演进的一般路径；同时，对旅游规模不同、处于不同发展阶段、拥有不同利益主体的傣族园和糯黑村进行重点剖析，对其利益主体、利益诉求及利益冲突的演化进行比较分析，以进一步验证和完善本研究的理论框架。

1.3.3 技术路线

首先，本研究从民族旅游的可持续发展入手，聚焦于少数民族村寨旅游发展过程中频繁出现的利益冲突问题。为了进一步探明该问题产生的原因，本研究对相关研究进行梳理，尝试寻找解决该问题的理论依据。

其次，本研究按照"利益的交叠与摩擦—冲突与矛盾—寻求应对措施—实现可持续发展"的逻辑思路，利用文献分析、资料梳理、专家访谈、问卷调查多种方法，结合云南省少数民族村寨旅游发展的实际情况，对利益主体、利益诉求的演化进行分析；利用演化博弈及数据仿真的方法对利益冲突的演化进行分析，探索民族地区旅游利益诉求演化的一般规律。基于以上分析，本研究从制度建设的角度提出少数民族村寨旅游利益调控机制，为解决利益冲突问题提供思路。

最后，本研究选择云南省的两个典型少数民族旅游村寨作为案例对本研究的理论成果进行检验，并提出研究不足与展望。本研究具体技术路线如图1-7所示。

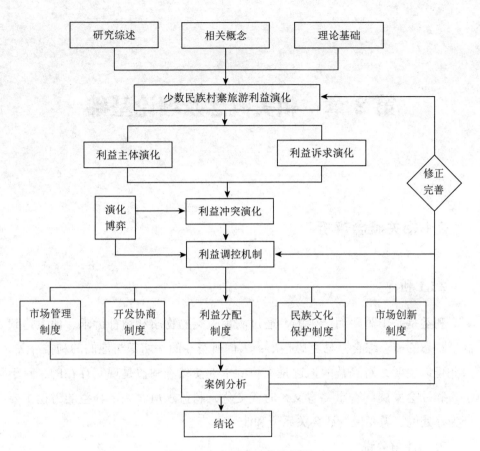

图 1-7 本研究技术路线图

第2章　相关概念及理论基础

2.1 相关概念辨析

2.1.1 利益

利益是基于需要而产生的，通过满足人类的物质和精神诉求，使人达到愉悦状态的需求综合。马克思指出：人们所奋斗的一切都与他们的利益有关。由此可以说明，对利益的追逐是人类的本性使然。利益是现实存在的，对于个人和社会发展都有重要意义，时代变化，利益永恒。关于利益的讨论主要分为好处说、需要说、社会关系说和能力说。

2.1.1.1 好处说

好处说来源于历史和生活，仅是对利益表现形式的描述。把利益定义为好处，就是指对个体有利、有好处的事情，也就是指利益就是好处。《辞海》中对利益的解释就是好处，如个人利益就是指对个人有好处的事情。从表现形式上来看有金钱、权势、名气、地位等，通过个人欲望的满足，给人带来好处。这一说法的缺陷在于过于笼统，不能够全面说清楚利益的本质。经常会出现这样的情况，某一事情对于集体是有好处的，而对于个人而言则是有害的，在短期内是有害的，而长期来看则是有好处的。

2.1.1.2 需要说

德谟克利特提出在社会和国家的起源问题上，需要起了决定性作用，他是最早从需要视角来探讨利益问题的思想家。古罗马时期的许多思想家都试图对人类发展进行朴素的猜测，把人的需要作为历史的动力。我国古代也有许多类似的思想，荀况曰："今人之性，饥而欲饱，寒而欲暖，劳而欲休，此人之情性也。"明确提出吃饭、穿衣这些需求是人的本性。韩非在荀况的基础上进一步提出，人的一切行为取决于是否对自身有利。马克思指出需要是社会发展的动力，他的劳动力价值理论、剩余价值理论都是以需要为基础，其需要理论与利益理论具有一致性。马克思需要理论的重要观点有：需要是人的本质；人的需要是社会需要，需要产生社会关系；生产决定需要，需要推动生产。人作为有生命的社会存在物，需要吃饭、穿衣等物质资料来维持生命，同时，人作为存在于社会的人，又需要读书、欣赏艺术等精神资料。奥塔·锡克也指出，利益是人们满足一定的客观产生的、需要集中的、持续较长的目的。人的需要具有主观能动性，不是被动地接受自然的给予，而是通过主观的努力来改造自然，获得人类生存与发展的各类物质条件。正如人类对食物进行驯化的过程也是食物驯化人类的过程，人类对自然的改造，也逐渐改造着人类自身，人类社会逐渐发展，与之相关的生产关系不断进行调整，人类既具有自然性，又具有社会性。

2.1.1.3 社会关系说

马克思指出人的本质是一切社会关系的总和，人的需要具有社会性，必须通过社会关系，人的利益才能够得到表现和实现。《中国大百科全书·哲学卷》指出，利益是人们通过社会关系所表现出来的不同需要。利益是个人或群体的需要在社会中的体现，通过一定的社会关系才得以体现。人的本质是社会关系，而利益的本质也属于社会关系的范畴。人作为社会主体，是镶嵌在社会网络之中，个人所能获得资源依据其在社会网络中的地位。随着社会的发展，社会主体之间的联系越来越密切，只有通过占有和享受他人的社会劳动产品才能够维持自身的生存与发展，社会主体占有和享受他人的社会劳动产品是互相的，也是对立统一的，其中的关系就是利益。马克思主义哲学指出人的社会性是区别于动物的重要特征，人的需要除了具有自然属性，还具有社会属性。与动物一样，为了维持个体生命，人需要呼吸空气、沐浴阳光等，从自然中获取个体生存所需的水、食物以及天然的原材料等。但是，也要看到人类的特殊性，尤其是由社会分工所带来的社会经济进步，人类对于自然属性的物质资料的需求量越来越少，并且越来越不依靠自身而去获取物质资料，而是通过社会交换，通过满足别人的需求来满足自己的需求。此外，就社会主体来说，还有感情交流、自我提升等的精神需求，这一切的一切都需要通过社会关系来进行实现和维护。利益的社会关系说其实是在需要说的基础上进行的扩展和延伸，将社会主体的个人需求置于社会发展的背景下，强调社会关系是由利益进行联结，而利益也必须经由社会关系才能够得以实现。

2.1.1.4 能力说

能力说主要是从利益的获取角度来切入，只有被满足了的需要才能够成为利益，而需要是否能够被满足取决于个人主体的能力，能力使利益的实现具有可能。原始社会，人类为了满足自身生存，需要具备打猎、采集食物等能力，伴随着社会的发展，国家机器产生，利益是否能够实现更多依赖于权力，而对权力的基本定义就是人类对事物的支配能力，相对应，利益应定义为人类在拥有一定的对物和人支配权的基础上对自然与社会依赖关系的实现，权力是利益的要素。这里所提到的权力（Power），是指对人或者事物的支配力，权力的获得除了取决于个体本身的能力外，还与个体所处的社会网络，拥有的社会资源相关，权力既来源于能力，又超越能力，属于能力的一种重要形式。在一定的社会关系下，个人能力直接决定了其所能实现利益的大小。利益的能力说实际上是在需要的基础上，结合人的社会关系所提出来的，一定的社会基础和生产关系基础是个人需要得到满足的重要前提，也是利益得以实现的客观条件。

综合以上观点，利益的构成至少应该包括需要及其对象、社会关系以及社会实践。

首先是需要及其对象，人的需要具有自然基础和主观因素，需要的对象就是实际的利益。马克思、恩格斯指出：人类为了生活，必须吃喝以及需要其他物质需求，这些需求推动了物质生产活动。人的需要一部分是出于自然的欲求，同时，形式上是主观的，是由个体出发而产生的需求。但是，需要的对象是客观的，为了满足吃的需求，人需要食物；为了满足住的需求，人需要房屋；为了满足精神需求，人需要阅读、欣赏艺术……吃、住、精神需求等形式上是人类主观的欲求，但是，食物、房屋、书籍、艺术品等却是客观实在的。任何离开客观对象的需求，或者说无法通过客观存在的物质来满足的需求，也就无所谓利益。只有这些客观实在的物质才能够激发人类奋斗的欲求。因此，利益是主观与客观的统一，出发于个体的主观诉求和愿望，满足于客观存在的物质条件。

其次是社会关系以及社会实践，社会关系是构成利益的社会基础，而社会实践则是形成利益的客观条件。在利益的社会关系说部分，本研究已经从"人是一切社会关系的总和"角度充分论述了利益的社会性。任何客观存在的物质实体只有与一定的社会关系联系起来，才有可能成为利益，因此，社会关系是利益产生的社会基础。只有在一定的社会关系中，人们才能够开展社会实践活动，而社会实践的目的则是解决需要及其对象之间的矛盾，同时，人们之间的社会关系对利益的发展起到制约作用。

生产实践是人类最基本的社会实践活动，决定着人类社会的产生、存在和发展，也决定着各种社会关系的形成和发展，能够有效解决需要主体和需要对象之间的矛盾。而人的能力也是通过社会实践而获得，人类通过野外的狩猎、采集食物等实践活动获得了利用自然资源的能力，又通过政治、文化等实践活动获得了利用社会资源的能力。不管是利用自然资源的能力，还是利用社会资源的能力都是为人类需要的实现提供客观条件。

基于以上分析，本研究对利益的内涵进行界定。利益是以人类主体的客观需求为对象，通过一定的社会实践，利用社会关系将主观诉求转化为客观实在的物质和精神消费的总和。因此，对利益的考量，必须包括主体需要的客观对象（利益诉求的客观内容）、一定的社会关系（不同利益主体之间的关系）和利益主体的能力（将主观诉求转化为客观实在的能力）。

2.1.2 旅游利益

人类的旅游活动真正得以发展是在工业革命以后，伴随着交通技术的发展和生产力水平的提高，人们开始有闲暇时间，并有条件出行。马斯洛需求层次论将人的旅游需求定义为一种更高层次的需要，通过旅游活动满足人类的精神需求。进入现代以来，旅游逐渐从富人活动转化为一种更加广泛的社会性活动。旅游活动的广泛展开，促使对旅游利益理论进行思考。旅游能够带来哪些利益？旅游利益相关者在旅游活动中有哪些利益诉求？如何能够实现利益诉求？对应利益理论，旅游利益包含以下内容：旅游利益主体（利益相关者）、旅游利益诉求（经济等利益）、旅游利益分配（生产关系、经济关系等）、旅游利益能力（将主观诉求转化为客观实在）。

从系统论角度看，旅游活动是一个由时间轴连接起来的，包含不同空间的关联体。Leiper 建立了旅游的 O—D 系统模型，认为旅游是包含客源地、目的地、旅游通道的空间系统。以此为基础来分析旅游活动，组成旅游系统的基本要素就是旅游利益相关者，包括政府、旅游者、旅游企业、社区、社会公众。其中，就客源地系统来看，以旅游者为主体；就目的地系统来看，利益诉求主体包含社区居民、提供旅游产品和服务的企业等，其利益主体更为复杂和多样；社会公众包含了学术机构、NGO、新闻媒体等，属于支持系统，通过舆论和公共活动来支持和改善利益主体之间的关系，促进旅游系统的可持续运行，如图 2-1 所示。

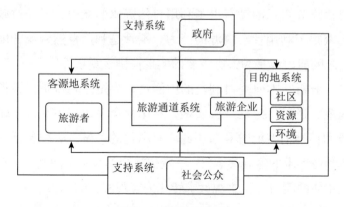

图 2-1　旅游系统图

资料来源：王德刚，旅游利益论，旅游科学，2011

旅游利益的特征主要体现在以下方面。

（1）旅游利益的多样性。主要表现为利益主体多元、利益诉求多样。旅游系统包含了多种利益主体，不同利益主体由于在旅游系统中所处位置不同，其利益诉求也不同和实现利益诉求的能力要求也不同。旅游者的诉求通常表现为获得能够满足自身需求的旅游产品及服务，主要利用自己的闲暇时间，通过支付给旅游目的地及通道系统合理的价值，来获得满足身心的旅游体验，其能力通过闲暇时间、金钱、信息来体现。旅游社区是旅游目的地中的重要构成，其本身又由社区管理部门、社区居民、提供产品及服务的企业等主体构成，主要通过发展旅游产业来获得经济利益和社会利益，让渡旅游资源、产品及服务获得经济利益，通过旅游开发，改善社区的基础设施，促进当地传统文化的保护和传承。社会公众通常以一种旁观者的身份来全面审视旅游活动的发展，媒体、学术机构等其本身期望通过对旅游活动的关注来构建自己的话语权，常常成为弱势群体的利益代言人。

（2）旅游利益的演化性。主要体现在社会经济的发展和旅游系统自身的变迁。旅游系统是一个不断发展变化的系统，在不同的发展阶段，各利益相关者的诉求也不同，是一个动态演化的过程。旅游系统的演化是伴随着社会经济的发展而发生变迁的。在旅游发展的初期阶段，政府处于主导，往往倾向于为能够促进地方旅游经济快速发展的投资商和企业提供优惠政策；而社区居民则期望通过旅游的发展能够提高自身的生活水平，改善社区的基础设施和环境；旅游者期望通过旅游活动满足自身猎奇、观光方面的需求。随着旅游活动的进一步发展以及可持续发展等理念的传播，政府更加注重社区利益的保护以及传统文化的发展，而企业也逐渐关注自身的社会责任。保护社区传统文化成为社区居民重要的利益诉求，旅游者则期望通过旅游满足自身的休闲、审美等文化方面的需求。

（3）旅游利益的经济性。从旅游活动的特性而言，具有多种属性，其中，经济性是重要的属性之一。旅游者在旅游的过程中会产生消费，对当地经济发展起到推动作用。而就我国民族地区旅游发展的初衷来看，也是期望发挥民族文化旅游资源的优势，吸引更多的游客，通过旅游产业改善本地经济状况，增加居民收入，实现当地居民的脱贫致富。

（4）旅游利益的关联性。主要表现在利益主体及利益诉求的相互关联上。旅游活动是一个系统，目的地作为旅游的供给方，其涵盖了旅游景区等企业、社区居民，为旅游者提供旅游产品和服务，旅行社等企业将旅游者输送到目的地，实现旅游市场供给与需求的对接，旅游者作为客源系统通过消费目的地提供的产品及服务，促进目的地社会经济的发展。因此，各个利益诉求的主体是相互关联的。旅游者利益诉求的实现需要依赖于旅游目的地的产品供给，而旅游目的地的社会经济发展也需要依赖旅游者的消费，旅游目的地社会和谐，提供的产品越丰富多样，越能够满足旅游者需求，旅游者素质高且消费能力强就越能促进旅游目的地的发展，因此，利益诉求也是相互关联的。

综上，旅游利益是指在旅游活动中，各主体通过自身的能力所获得的各项物质及精神利益，包括利益的主体、利益的诉求以及各个主体追求利益的能力，具有多样性、演化性、经济性以及关联性。

2.1.3 少数民族村寨旅游

吴必虎等人在梳理中国少数民族文化旅游产品开发相关问题时，发现"民族地区旅游""少数民族风情旅游""民俗旅游村寨""民俗文化村"等概念经常被使用，在内涵和外延上存在交叉，但又不完全相同。研究人员对于"少数民族村寨"及"少数民族村寨旅游"的基本概念存在不同认知。

民族学上认为民族村寨是民族活文化的载体，也是民族生产生活空间的载体，即具有一定地区性的传统民族文化保护价值的村寨，是展示原地、原生态的民族文化，是现实存在的活文化与孕育产生此文化的自然生态环境的结合体，旅游村寨是民族地区最基层的社会组织形态，是民族旅游发展的重要依托，贫穷、基础设施落后、缺乏资金、开发启动困难是其共性。

通过阅读国内外关于少数民族村寨旅游的文献发现，较多文献是在民族旅游范畴下展开对民族村寨旅游的讨论，因此，有必要从民族旅游的角度来对民族村寨旅游进行辨析。

民族旅游（Ethnic Tourism），在国外被称为土著或原住民旅游（Aboriginal

或 Indigenous Tourism），依据文化特征而命名。一般来说，民族旅游是前往少数民族居住地区旅游，也有学者认为是到移民集中生活的社区旅游，还有学者指出不一定非要是少数民族居住地……此外，还有关于民族文化旅游、民族地区旅游、民族旅游等概念之间的辨析。

邓永进指出民族旅游就是人民以观赏、领略、感悟、探索民族文化、民族社区甚至是民族共同体为主要目的的旅行和暂时逗留中所进行的物质与精神活动的总和。民族文化是各民族物质财富和精神财富的总和，属于基本吸引物；民族社区即民族聚居地，是民族旅游活动开展的空间依托，属于重要吸引物；民族共同体即民族社区的主人，也就是社区居民，属于核心吸引物。

谢世忠认为异族观光是到一个与本民族文化、语言或风俗不同的社区或者展示点进行参观活动，除了看风景，更把参观人作为重要的旅游目的。Kiwasaki（2000）指出异族观光是本地居民以其文化差异所呈现出的衣着、音乐、舞蹈等产物作为主要吸引物，吸引旅游者前来欣赏异族文化风情的观光形式。

Cohen 以东南亚为研究对象，指出民族旅游是观光旅游的一种类型，人们前往文化、社会或政治上不同于自己的民族所居住的地方进行参观、游览，这些地方由于文化及生态方面的独特性被贴上了旅游的标签。Bruner 认为民族旅游是游客观察其他群体的活动，这些群体经常被贴上原始、部落等标签，有着明显且独特的生活方式。

光映炯提出民族旅游是旅游者通过对某一民族的独特文化或生活方式的参与，实现其审美需求的过程，其本质体现为一种族际的交流或者跨文化的观察和体验。刘晖认为民族旅游是游客被异域少数民族所吸引，前往具有"异文化"特征的人群体验异域风情的旅游经历。郭凌认为民族旅游是一种发生在民族地区，以少数民族的社会生活方式等资源为主要的吸引物，为游客提供观察、体验、认知和了解民族文化遗产的机会，并促使民族文化得到活态化的保护。

李忠斌等人认为民族旅游就是旅游者以民族聚居区域为旅游活动场地，以该民族的社会文化为内核，全面了解民族文化特质及生产、生活状态为目的的一种参与、体验活动。

金颖若认为民族村寨是民族旅游活动的空间及物质载体，它对民族文化进行全面、系统、原生态的展示，是正在运行、发展着的民族文化，是一种重要的旅游吸引物。罗永常指出民族村寨旅游是指以少数民族乡村社区为主要目的地，将其文化及自然景观作为吸引物，满足旅游者体验异质文化，追求淳朴洁净心理动机的旅游活动。

结合民族村寨旅游在我国发展的实际情况，民族村寨旅游较多地发生在少数民族聚集地区，如云南省、贵州省、西藏等，在发展过程中，民族村寨旅游还承担着扶贫的功能。结合以上研究，民族村寨旅游的发展对象主要集中在我国的西部少数民族聚居区域，在这些区域，民族文化得以完整地保留和传承，对于旅游者有着强烈的吸引力，是我国民族旅游发展的主体。也有学者提出单一从少数民族作为主体来界定民族村寨旅游过于片面，应该将主体民族也纳入民族村寨旅游范畴。然而，就我国来看，民族村寨旅游所拥有的"异族""原始""部落"等标签均与少数民族相关。而大部分学者在研究过程中也主要关注少数民族地区的民族村寨旅游，促进少数民族地区社会经济发展是开展民族村寨旅游活动的应有之意和重要目的。为了便于表达，不引起歧义，本研究在标题上明确提出"少数民族村寨旅游"，特别针对少数民族村寨展开研究。

基于以上分析，本研究做出如下界定，少数民族村寨旅游是发生在少数民族聚集的区域，以少数民族的"异质文化"为主要吸引物，通过旅游活动开展满足旅游者需求、地区社会经济发展、保护少数民族传统文化的过程。少数民族村寨旅游具有以下特征：①发生在少数民族聚集区域，以民族村寨作为旅游开发空间和资源载体；②以该民族特有的、区别于其他民族的文化为吸引载体；③旅游者往往以猎奇的动机来参与民族旅游活动，少数民族村寨旅游活动既要满足旅游者的猎奇心理，又要保护好民族文化；④民族村寨旅游是一项综合性的活动，承担着文化交流、观光欣赏以及民族村寨社会经济发展等综合功能。

2.2 理论基础

2.2.1 冲突理论

冲突是社会学的重要概念，有广义和狭义之分，广义概念上的冲突是动机导向的，从个体或者群体的认知出发，不管实际是否发生对抗行为，只要存在对抗关系或者对抗意愿，就是冲突；狭义概念上的冲突则是行为导向的，认为只存在对抗关系或者意愿还不足以构成冲突，最多算是潜在的冲突，只有当某种动机和认知转化为公开的斗争或者对抗的行为时，冲突才真正产生。

冲突理论作为一套全面解释冲突现象及行为的理论体系，源于西方的社会学理论，是伴随着西方社会发展而不断丰富和完善的。冲突是资本主义社会内部普遍存在的现象，也是社会发展的基本特征之一，西方社会学通过对社会结构的深入剖析，总结出了关于社会冲突的一套完整理论。结构功能理论家指出，一个运转正常的社会，应该是均衡的、稳定的、协调的，要想办法避免冲突。然而，在现实社会中，冲突无处不在，传统的结构功能理论无法解释现实世界中普遍存在的冲突现象，以科塞为代表的冲突学派指出冲突普遍存在，并且对社会结构变迁起着十分重要的作用。

2.2.1.1 冲突产生的原因

只有明晰了冲突产生的原因，才能够对冲突有清醒的认识。资产阶级文艺复兴运动反对禁欲主义，颂扬人的力量，将历史眼光由神转向人，荷兰的斯宾诺莎提出人的自私需要是社会冲突的根源，人们为了自我的需要尔虞我诈，处于敌对状态，导致矛盾和摩擦。

英国霍布斯指出每一个人的目的都是他自己的利益，自利心是人的自然本性，并且，他将个人的自利心看作历史变迁的杠杆。齐美尔则指出对利益的争夺和人类先天的敌对本能是冲突产生的根源，冲突是关于个人或群体对稀有地位的要求、权力和资源的争夺，而稀有地位、权力和资源与个人或群体的利益息息相关，冲突来源于个人或群体利益，存在于社会运转系统之中。

在齐美尔看来，利益冲突是冲突的重要形式，是利益主体基于利益差别和利益矛盾在实现各自利益的过程中发生的利益争夺，主要表现为敌对情绪和行为破坏。达伦道夫指出对权力、权威等稀缺资源的争夺导致了冲突，提出"辩证冲突论"，并引入利益、潜在利益、外显利益以及利益集团等概念，社会具有"强制性协调"的功能，通常，拥有权威的一方和失去权威的一方存在客观的利益差异，当拥有权威的一方通过"强制协调"剥夺失去权威的一方的利益时，社会冲突就会公开爆发。科塞认为是社会成员之间物质利益关系和非物质利益关系的失调导致了社会冲突，社会体系内每一个部门都是彼此相关联的，在社会系统的运转过程中，由于不同部分对社会系统的适应程度不一致，会由此而产生不协调，造成社会运行系统出现系统失调，冲突成为社会运转常态。冲突的根源多种多样，权力、地位以及资源的分配不均，甚至是价值观念的差异都会造成冲突，此外，冲突具有一定的文化背景，鼓励斗争的文化比鼓励谦让的文化更容易爆发冲突。

冲突的根源在于个人或群体利益，由于个人或群体在社会关系中所处地位、所拥有资源的不均衡，彼此的权利存在差异，在社会"强制协调"功能的发挥下，势必会有部分个人或群体的利益得不到充分满足，存在一方利益剥夺另一方利益的现象，当不满情绪积累到一定程度，冲突爆发成为必然。

2.2.1.2 冲突的功能

冲突是社会发展过程中的必然现象，其功能主要表现在引起社会结构的变迁和革命，关于冲突在社会发展中的功能的讨论主要有两种观点：一种是破坏说，另一种是好处说。

破坏说：主要结合冲突的负功能，指出冲突会破坏社会的发展。古希腊的赫拉克利特从战争的角度将社会冲突作为人类社会发展的重要因素，就冲突的发生来看，其通常以暴力的形式出现，比如说爆发群体性事件，会对社会经济的发展产生破坏。结合上文分析，个体的需要是利益冲突产生的根本原因，而社会资源和财富分配的不均衡与不合理则为冲突的产生提供了客观条件。个人在追求自身发展所需要的权利、财富、资源等的过程中，受生产力发展水平的限制，同时社会分配制度等因素也影响着个人利益的获取。不同社会阶层在追逐个人利益的过程中，会出现关系失调，冲突以暴力性群体事件的形式出现，会损害社会资源、破坏社会秩序、伤害社会心理。尤其是在社会主义背景下，群体性的暴力事件严重影响了社会的和谐与稳定。

好处说：主要结合冲突的正功能，指出冲突会推动社会的发展。冲突是社会发展的固有特征，对于社会群体以及资源具有整合功能。科塞肯定冲突积极作用并建立了一套完善的社会冲突理论，他指出冲突具有"社会安全阀"的功能，群体内部以及群体之间的冲突有利于形成群体凝聚力，也有利于群际关系的整合。冲突作为"社会安全阀"，其作用主要通过社会减压、社会报警、社会整合以及社会创新来体现。第一是社会减压，利用冲突来缓解敌对双方的情绪，这里通常指小规模的冲突，对于社会结构尚未构成严重的破坏；第二是社会报警，通过冲突来向统治阶级或者社会管理者表达不满情绪，显示民情，能够引起管理者的重视，及时采取有效措施来应对冲突；第三是社会整合，冲突的行为或者敌对的情绪能够使社会个体或者群体获得共鸣，实现一体化，形成合力，发生在群体之间的冲突能够促进各个群体成员之间的凝聚力和整合度；第四是社会创新，冲突在社会发展中扮演助推器的角色，能够激发新的规范、规则和制度的建立，实现社会创新。科塞的"社会安全阀"理论得到了许多学者的认可，在社会的运行过程中，群体或者个人可能会有破坏社会的不满情绪，而冲突则是表达不满、释放压力的重要方式和途径。此外，冲突还是社会发展以及变迁的重要动力，它能够通过产生新的社会制度和规则、提高社会主体素质、产生结合和联盟的方式来促进社会的发展和变迁。

2.2.1.3 化解冲突的方式

科塞结合社会结构理论，指出在社会系统中，每一个部分都是彼此相互关联的，不同群体或者个人由于所处的关系及掌握的资源不一致，其对社会系统的适应度也不同，便会出现不协调现象，造成社会系统的紧张、失调，当社会体系处于绝对的不均衡之中，社会冲突就成为必然发生的现象，也是社会运转中的常态。社会冲突不可避免，但是，可以通过对其的协调和控制，发挥正功能，抑制负功能。对于冲突原因以及功能的分析，其主要目的也是为了控制冲突，采取什么样的方式进行协调和控制也成为重要的议题。

关于对冲突的协调和控制，不同学派提出了不同的方法，但是，普遍都认为，对于冲突"宜疏不宜堵"，应当采取疏导的方式进行协调，甚至还可以允许一定范围内可控的情绪冲突。达伦道夫指出，可以通过对团体中权威的分配来缓解冲突。对冲突的原因进行挖掘，从源头上进行疏导，可以将冲突控制在较小规模内。科塞指出在任何的社会运行过程中都可能产生对抗情绪，这种对抗情绪可能来自团体之中，也可能来自团体内部，会形成破坏系统的压力，当这种破坏性压力超过社会系统的承受能力时，就会导致社会系统运行出现混乱。因此，必须借助可控的、合法的和制度化的疏导机制，消解社会的紧张状态，将冲突调整在可控范围内。利用疏导机制来缓解冲突的过程中，往往会通过重新调整和分配利益及权力来进行协调各方之间的矛盾，而对于利益和权力的分配则需要考量具体的时机，建立相应的利益诉求表达渠道，给各利益相关群体机会和途径来表达不满，完善利益表达机制，成为以政府为代表的权威集团采取措施及时察觉和化解不满情绪的重要举措。对于社会主义制度而言，经济体制改革是其社会系统自我完善和创新的方式，要符合大部分社会成员的根本利益。

在社会系统运转中，冲突具有合理的出发点，个人或者群体都有各自的利益诉求，在社会系统中，存在权力关系的不对等，引发社会资源分配不均衡，导致个人或者群体利益不能得到有效满足，因此，个人或者群体的利益诉求是冲突产生的出发点。此外，社会生产关系、文化背景等都会对冲突的发生产生影响，冲突是对权力和利益结构进行调整之后出现的一种后续效应，具有必然性。敌对情绪以及暴力行为都是冲突的表现，其对社会发展的作用有两种观点：一种观点认为冲突对社会的发展具有负面作用，冲突以暴力性群体事件的形式出现时，会损害社会资源、破坏社会秩序、伤害社会心理；

另一种观点则认为冲突对社会的发展具有正面作用，合理、可控范围内的冲突起到了"社会安全阀"的作用。社会冲突的产生有其必然性，合理范围内的冲突对于社会以及组织机构的发展具有良性的作用，我们要对冲突产生的原因进行分析，提供社会成员发泄不满以及表达利益诉求的渠道，用疏导的方式为冲突的解决提供合理的方法。

2.2.2 经济演化理论

经济演化理论借鉴生物进化等自然科学的思想和研究成果，将经济视为不断发展变化的系统，用动态的视角来解释经济系统的运行与发展。通过对经济演化的缘起、演化路径、分析工具以及实际应用进行分析，较为全面地了解和掌握该理论，为本论文提供理论支撑。

2.2.2.1 理论缘起

演化的概念起源于20世纪60年代的达尔文生物进化论和拉马克的遗传基因理论，是一种用生物进化的思想来研究组织发展及个体行为演化规律的理论，其研究对象是随着时间或空间发生变化的某个变量或者系统，致力于解释该变量或系统是如何随时间或空间发生变化的，在社会研究领域中得到广泛应用。20世纪80年代，演化的思想被引入经济领域，对静态封闭的经济系统进行批判，打破了"个人理性"与"稳定均衡"的理论假定，将经济发展看作动态的创造过程。与此同时，演化经济学逐渐形成体系，如果以1981年《演化经济学》和1982年《经济变迁的演化理论》作为经济演化理论日趋成熟的标志，现代演化经济学已经诞生三十多年。盛昭瀚等人在《演化经济学》一书中指出演化经济学的基本特征是运用演化的方法来分析经济系统的发展过程，包括对系统成员及选择机制的分析。经济演化理论与演化经济学之间联系紧密，又相互区别，与一般的经济演化分析理论相比较，演化经济学更加系统和全面，同时，演化经济学属于经济演化分析的范畴。经济演化思想学派林立，斯密、约翰·穆勒、马克思、熊彼特等经济学家的思想中均蕴含着演化的意味，总的来看，经济演化的思想可以分为以下流派：继承凡勃仑传统的老制度学派、"新熊彼得"学派、奥地利学派、法国调节学派、演化系统动力学、演化脉象学。

2.2.2.2 演化路径与分析工具

纳尔逊和温特指出"惯例"是经济演化的核心概念，也是经济演化路径的重要影响因素，对于"惯例"可以继承，也可以选择，依据"惯性"的概念，经济演化的路径包括路径依赖和路径创造。1985年，美国经济学家 Paul A David 提出经济演化的路径依赖，该路径依赖是指在惯性作用下，社会经济的发展一旦进入某个路径（无论好坏），便会不断自我强化，路径依赖和锁定已经成为理解经济社会系统演化的重要概念。Arthur 对技术演进中自我强化和自我积累机制进行阐述，发展了路径依赖思想进行。从20世纪末，路径依赖理论在制度经济学、社会学、经济地理学、政治经济学及管理学等领域得到广泛的关注和应用。经济的演化受到路径依赖的限制，同时，也能够突破路径的限制，甚至是创造新的路径。通过有针对性的战略行动，引入新技术、新产品或服务，对现有产业进行升级、制度创新等打破对"惯性"的继承，解锁路径依赖，实现路径创造。

对于经济系统而言，无论是按照路径依赖还是路径创造的方式演化，其关键在于竞争，在市场经济制度下，只有获得更多的资源才能够生存。纳尔逊和温特强调经济均衡只是暂时的状态，均衡状况通过竞争和博弈发生变化。因此，整合了理性经济学和演化生物学的演化博弈成为分析经济演化的重要工具，演化博弈基于有限理性人假设对博弈成员的策略调整进行探讨，指出个体或群体可以借助不断试错的重复博弈来实现利益的均衡。演化博弈与演化经济学的复兴几乎同步，为分析经济的演化提供了可能与条件，主要体现在以下方面：①演化博弈能够较好地描述创新—选择—扩散机制的发展过程；②演化博弈能够解释偏好与制度之间的协同演化；③演化博弈遵循"有限理性"假设，从逻辑上验证了演化经济学的有限理性；④演化博弈采用"群体思维"描述不同主体之间的博弈，与演化经济学主体异质性一致；⑤演化博弈模型基于时间和策略概率，强调了路径依赖的重要性。

2.2.2.3 理论应用

伴随着演化经济学的发展，经济演化的思想与分析范式被广泛应用在技术创新与产业演化、制度变迁和经济增长等领域。

对解决问题的需求推动着技术创新。Witt 指出在实践过程中经历的挫败感推动着对新鲜事物的搜索和探寻，从而产生了技术创新。创新的动力与企业的内外部环境相关，既可能来自企业外部的压力，也可能来自企业内部的异常，Dosi 提出"环境选择模型"，认为对环境的适应是技术创新的关键，只有适应环境的技术才能避免淘汰。Pavitt 基于创新模式提出产业依赖理论模型，指出不同产业之间的技术创新存在着巨大的差别，产业环境影响着创新行为，同时，创新行为也对产业环境具有反馈作用。Abernathy 等人通过对产品及工艺的创新与组织结构之间的关系进行分析，提出了 A–U 模型（即产业创新过程模型），说明了产业演化的技术创新和路径依赖问题。North 强调了学习在制度演化中的作用，指出制度变迁的路径依赖遵循从认知层面、到制度层面、最后到达经济层面的规律。Schotter 利用博弈论来分析制度变迁，指出社会制度的形成不是一次性博弈的结果，而是由某种特定成分对策的反复博弈而形成的非合作均衡。

王兆峰等人、张骁鸣等人将经济演化理论运用到旅游研究中，从技术创新、制度变迁等角度对旅游业的发展进行分析，指出旅游的发展存在路径依赖的现象，并尝试从创新、制度等角度寻求解释和支撑。

2.2.3 旅游地生命周期理论

生命周期最早出现在生物领域，描述某一生物从出生到死亡的发展过程，后来，逐渐扩散到其他学科，用来描述事物从兴起到衰亡的演变。旅游地生命周期是描述旅游地发展过程及阶段特征的理论，为研究旅游地的演化提供了一个重要框架。19 世纪 60 年代，Christaller 最早提出旅游地演化的概念，Bulter（1980）结合旅游地理学及商品周期理论提出了系统完整的旅游地生命周期理论，使之成为旅游学的经典理论之一。1990 年，张文对旅游区的生命周期进行了讨论，是国内最先关注旅游地生命周期的学者。1993 年，保继刚将 Bulter 的生命周期理论引入国内，引起了广泛的热议和讨论。

2.2.3.1 阶段及特征

Christaller 在研究欧洲的乡村旅游发展时最早提出旅游地生命周期理论，指出旅游地的发展历程由发现、成长和衰落三个阶段组成；Bulter 在旅游地理学相关理论的基础上，吸收产品生命周期理论的成果，指出旅游地发展由开发、起步、发展、稳固、停滞、衰落或复兴六阶段组成，将旅游地生命周期理论进行扩展；Hovinen 认为旅游地的发展由探索、参与、发展、成熟和衰落五个阶段组成；Getz 提出引入或发展、成长、成熟和衰落的四阶段说。无论从相关理论的热议程度，还是旅游地的实际发展来看，Butler（巴特勒）对旅游地发展过程的六阶段划分都是最为经典的，其阶段特征的描述也是最为科学的（具体特征见表 3-5）。然而，依然有学者提出不同的看法，由于旅游活动具有特殊性，不同类型的旅游地，其演化过程也不相同，并不完全吻合六阶段的发展模型，并且，旅游地的不同组成也有各自的生命周期。旅游地在实际的演化过程中，很多阶段是并存的，Getz 通过对尼亚加拉瀑布的研究，指出参与和发展阶段间没有明确的界限，且缺少完整的巩固、停滞、衰落和复兴阶段，这些阶段是同时存在的。Priestly 认为那些竞争力较强的旅游地在经过参与、发展阶段之后，进入一个相对较长的平稳发展阶段，并没有很快出现衰落迹象，并提出了"后停滞阶段"。这些不同的声音尽管指出了旅游地实际发展过程与巴特勒生命周期理论的不完全相符之处，但是，并没有否定巴特勒生命周期理论存在的意义。

综上，关于旅游地生命周期阶段划分的理论众多，虽然不同学者对于旅游地发展阶段表达了自己的看法，但是对于旅游地的发展演化是由不同阶段组成的，并且沿着从起步到成熟、最终衰落的轨迹发展成为共识。其中，巴特勒生命周期理论对于旅游地发展演化的解释最为详细、完整和系统，被广泛讨论和质疑。卡尔·波普尔提出证伪理论，认为一个真正的科学理论应该是可证伪的，巴特勒生命周期理论被广泛地讨论和质疑恰恰说明了该理论的科学性，如表 2-1 所示。

表 2-1 旅游地发展阶段

阶 段	特 征
探索阶段	●零散的探险者，没有特别的专用设施 ●自然和社会环境未变化，游客被自然风光吸引
参与阶段	●开始专门旅游投资，开始提供旅游设施 ●旅游客源地形成，出现公共投资 ●季节性出现，开始广告宣传
发展阶段	●大力度的宣传促销，明确的旅游客源地 ●旅游设施迅速发展，外来投资控制加大 ●旺季游客量远超当地人口数，当地人产生敌对情绪
巩固阶段	●旅游业成为地方重要产业 ●成熟客源地形成 ●增长速度放缓 ●地方开始努力延长旅游时间
停滞阶段	●游客人数达到标志容量限制的峰值 ●游客地虽被熟知，但不再时兴 ●旅游设施转手频繁，投资转向外围地区
衰落阶段或复苏阶段	●游客被吸引到新的目的地 ●旅游业投资开始退出 ●旅游设施破旧，并可能用作其他用途 ●如重新定位，开发新的资源，可能出现不同程度的复苏

资料来源：巴特勒，旅游地生命周期理论，2011

2.2.3.2 影响因素

旅游地的演化受到多方因素影响，在过往的研究中，学者通过对不同案例地的实证分析试图探寻影响旅游地发展变化的主导因素，以帮助我们更好地认识旅游地生命周期。

Debbage 认为旅游地的发展受环境质量与容量、过度商业化、政府与经营者的作用、外部竞争环境的变化的影响，Hovinen 指出旅游地的发展受环境质量与容量、良好的区位、交通条件、旅游资源的丰度影响，Priestley 认为环境质量与容量、交通条件、基础设施、居民的支持决定了旅游地生命周期，Cooper 等人提出旅游地的发展受环境质量与容量、旅游地的竞争力、旅游发展速度、政府与经营者的作用、外部竞争环境变化的影响，Douglas 认为交通条件、基础设施以及外部政治环境影响着旅游地生命周期，Meyer-Arendt 提出居民的支持度对于旅游地生命周期演化特别重要，Agarwal、Tooman 指出外部投资是影响旅游地演化的重要因素，Stansfield 认为客源市场对于旅游地发展演化有着重要影响，Plog 等人指出不同类型旅游者的活动影响了旅游地生命周期，决定着旅游地的兴衰，Haywood 认为旅游地发展受旅游地空间竞争、旅游替代品、环境保护主义者异议以及游客的需求期待和对价格敏感性的影响。张惠等人指出旅游地生命周期的演化受到各种旅游产品的共同变化的影响，还受到旅游系统中各种内在和外在因素的影响，内在因素主要是由于旅游产品而带来的游客，外在因素主要是其他旅游地对客源的竞争。

李军从生产投资的角度建立旅游生命周期基本模型，认为旅游产品生命周期的交替构成了旅游生命周期，旅游生命周期由旅游生产投资的成本曲线决定。鲁小波等人从矛盾论出发，指出自然保护区生态旅游发展中的主要矛盾决定了旅游地生命周期的变化与演进，矛盾的对立方是自然保护区生态旅游的利益相关者。王进等人以九寨沟为例，依据巴特勒生命周期理论，确定了不同发展阶段的主要利益相关者，在早期探险和参与阶段，对于旅游目的地而言属于资源发现和挖掘，主要利益相关者为政府、旅游规划公司等；在发展和巩固阶段，对于旅游目的地而言属于资源利用和探索、资源整合和制度规范，涉及的主要利益相关者较多，有政府、当地居民、旅游者、交通部门、旅行社、投资商、媒体、学者、相关企业等；在停滞或衰退和复苏阶段，对于旅游目的地而言属于资源枯竭或景区转型，利益相关者主要有旅游策划公司、旅游顾问、环保者（部门）、后世子孙。

综上，环境质量与容量、区位条件、交通、旅游资源、旅游竞争力、发展速度、政府与经营者、社区居民、外部投资、环保主义者、游客这些因素共同决定着旅游地生命周期的发展演化。环境质量与容量等因素属于旅游地的基础条件，政府与经营者等因素属于旅游地发展中的利益相关者，基础条件决定着旅游地生命周期的展开，而利益相关者则影响着旅游地生命周期的演化历程及可持续性。

2.2.3.3 理论应用及批判

旅游地生命周期理论对旅游地发展演化阶段及特征进行解释说明，在旅游规划、旅游地发展、旅游产品打造、旅游地市场营销等方面具有现实的应用价值。与此同时，也受到了诸多的批判，主要集中在概念表达、阶段划分方面。

1993 年，保继刚教授在《旅游地理学》中将巴特勒旅游地生命周期理论引入中国，同时，对锦绣中华、"七星岩"喀斯特洞穴等进行实证分析，并提出了控制和调整旅游地生命周期对于旅游规划的现实意义。查爱苹通过建立旅游地需求模型，肯定了旅游地生命曲线的预测作用，应在不同发展阶段采取不同的营销策略来应对挑战。杨振之指出旅游地生命周期理论为旅游地的规划和策划提供指导，通过开发时间、游客人数等因素对旅游地的发展阶段进行综合评估以确定旅游地发展所处的阶段，确定相应的对策。尹郑刚以巴特勒旅游地生命周期理论为分析框架，以游客人数为主要指标，对巴丹吉林沙漠旅游区所处的生命周期进行确定，并提出未来的发展建议。张建忠等人提出巴特勒旅游地生命周期理论的核心在于指出了旅游地演化有一个由盛而衰的过程，如何延长发展期和成熟期，避免进入衰退期是关键，在旅游地发展进入停滞阶段时需要进行新产品开发。

此外，还有一些学者对"生命地周期理论"提出了质疑。杨森林、张立生等人认为在称谓上，"旅游产品生命周期"更为科学，TALC 中的"旅游地"只是一个象征性的提法。祁洪玲等人针对张立生的观点，强调在称谓上旅游地生命周期理论更为严谨，可以用于指导旅游产品演化的研究。巴特勒、保继刚、陆林等学者对旅游地生命周期理论进行完善和推广，并将其作为旅游地理学的重要理论。也有学者指出，由于旅游地的发展与旅游产品密切相关，没必要对"旅游地生命周期"和"旅游产品生命周期"进行严格划分。从现有研究来看，巴特勒六阶段划分方法和模型曲线最具一般性，推广程度最高。阎友兵指出巴特勒的旅游地生命周期曲线是一条理想的曲线，事实上，经过实证研究，甚至没有一个旅游地的发展轨迹与巴特勒的曲线基本相符，而"旅游地终将衰落"这一基础命题对于旅游地的发展来说毫无实际意义。盖茨、霍文等人通过研究发现一些旅游地在一定时期能够兼具发展、稳固、复兴和衰退的部分特征，乔伊发现太平洋各岛屿的旅游发展路径多样，但会沿着既定方向演化。

综上，旅游地生命周期理论的应用价值主要体现在对旅游地发展演化的解释以及周期阶段的预测上。应用范围较广的理论是巴特勒生命周期模型，其提出了一个理想化的模型，在现实发展中，由于旅游地所处的发展环境不同，不可能有严格遵循其发展规律的旅游地，但是，尽管不同旅游地的演化发展具有各自特征，其演化方向和路径基本符合巴特勒构建的模型。旅游地的发展是一个逐步由发展到兴盛，再由盛而衰的过程。很多学者都尝试对旅游地发展演化的阶段进行划分和解释，其中巴特勒的六阶段模型被广泛地讨论，它提供了一个方便而可行地认识旅游地演化的思想。

可以肯定，旅游地的发展经历不同的阶段，并且不同的阶段有着不同的特征，依靠旅游者人数、旅游收入指标来判别旅游地发展阶段成为主要依据。旅游地的发展演化受到多种因素影响，除了经济、政治、社会等宏观影响外，包含旅游者、社区居民、经营者在内的利益相关者对旅游地的影响也特别大。在不同的发展阶段，各利益相关者的作用也不完全相同，要把握好不同阶段的发展特征，处理好利益相关者之间的关系。从理论发展来看，旅游地生命周期理论借鉴了产品生命周期理论的一些观点，由于旅游地具有综合性、系统性的特征，不能仅仅用旅游产品生命周期来说明旅游地生命周期。

本研究借助旅游地生命周期的分析框架，以场所级别旅游地（即少数民族村寨）的发展为导入，结合少数民族村寨旅游发展的现实过程及理论研究成果，分析不同发展阶段旅游利益的演化。本研究只分析少数民族村寨旅游利益演化的一般特征，即类似于巴特勒六阶段模型的讨论。

2.3 本章小结

本章通过对利益、旅游利益、民族村寨旅游利益的概念及内涵进行辨析，指出：①利益是以人类主体的客观需求为对象，通过一定的社会实践，利用社会关系将主观诉求转化为客观实在的物质和精神消费的总和；②旅游利益是利益概念在旅游领域的延伸，是指在旅游活动中，各主体通过自身的能力所获得的各项物质及精神利益；③旅游利益具有多样性、演化性、经济性以及关联性，对旅游利益的分析必须将其放在一定的社会环境之中，从利益主体、利益诉求以及利益关系等进行全面考察；④民族村寨旅游是指主要发生在少数民族聚集的区域，以少数民族的"异质文化"为主要吸引物，通过旅游活动开展满足旅游者需求、地区社会经济发展、保护少数民族传统文化的过程，为了便于表达，不引起歧义，本研究在标题上明确提出"少数民族村寨旅游"，特别针对少数民族村寨展开研究。

接着，对冲突理论、经济演化理论、旅游地生命周期理论相关研究进行分析，指出：①利益是冲突产生的主要原因，冲突在对社会结构产生破坏作用的同时也充当着"社会安全阀"，是社会发展以及变迁的重要动力，冲突"宜疏不宜堵"，应对不同主体的利益进行协调来解决冲突；②经济的发展是系统演化的过程，遵循着路径依赖的发展范式、制度的创新来形成各个群体之间的博弈；③旅游地生命周期理论是演化理论在旅游研究中的拓展，旅游地的基础条件决定着生命周期的展开，而利益相关者则影响着旅游地生命周期的演化历程及可持续性；④在旅游地发展过程中存在路径依赖的现象，并且生命周期中每个阶段的出现与初始条件和前一个阶段的发展密切相关。

本章在对主要概念进行剖析的基础上，明确了本研究的空间尺度及研究对象，本研究的空间是少数民族村寨，研究对象是在少数民族村寨旅游发展过程中出现的利益主体、利益诉求及利益冲突。确立了本研究的分析视角及框架，针对少数民族村寨旅游发展过程中出现"利益发生演变、利益关系失衡、利益冲突持续不断"的现象，结合旅游地生命周期，用演化的视角，分析旅游利益演化的过程，利用利益协调、制度建设、社区参与等方式解决冲突，打破低发展效率的路径依赖，实现旅游地的可持续发展。

第3章 少数民族村寨旅游发展特征、利益主体及利益诉求演化

根据对利益概念的剖析，利益是产生于一定社会背景之下的客观实在，包含利益主体以及利益诉求。结合演化理论，少数民族村寨旅游是一个不断发展过程，这个发展过程构成了少数民族村寨旅游利益演化的时间坐标轴。旅游地生命周期理论将旅游地的发展视为一个不断演化的过程，为少数民族村寨旅游提供了一种研究演化的范式。结合旅游地生命周期理论，少数民族村寨旅游发展遵循着一定的轨迹，在实际的发展过程中，由于不同的民族村寨所处的历史阶段、发展环境不同，其发展不会严格按照固定的模式进行，但会存在一致的发展方向。旅游利益主体影响着少数民族村寨旅游发展的历程，而同时，利益主体的利益诉求随着少数民族村寨旅游发展而发生演化。

少数民族村寨是少数民族地区旅游发展的基层单位，因此，本章将少数民族村寨旅游发展置于我国少数民族地区旅游发展的背景之下，将理论和案例相结合，描述少数民族村寨旅游发展的历程，寻找利益演化的时间维度，从少数民族村寨旅游利益主体及利益诉求两方面来分析利益的演化。

3.1 少数民族地区旅游发展特征分析

3.1.1 基于时间线索的发展

少数民族地区旅游是伴随着我国改革开放，在国家政策的重视下，凭借着

旅游资源丰富多样的优势而发展起来的。从微观和宏观尺度对我国少数民族地区旅游发展历程的梳理和了解，有利于更加全面和深刻地认识民族旅游。

3.1.1.1 微观尺度的发展演进

郭凌等人从微观尺度对泸沽湖大落水社区的旅游发展进行梳理，指出其社区旅游发展经历了四个阶段：① 1989—1991 年的启动期，旅游发展刚刚起步，个别居民以开设家庭旅游方式参与旅游，其余居民观望甚至反对；② 1991—1994 年的自主探索期，随着前期进入旅游经营而获得收益，大量居民进入旅游发展，为了争夺利益而无序竞争；③ 1994—1999 年的政府介入期，泸沽湖省级旅游区管理委员会的成立标志着政府的正式介入，成为管理者和经营者，引发与村民的利益冲突与矛盾；④ 1999 年以后进入多方治理期，政府利用行政管理手段对旅游的发展进行规范，村民、村委会、跳舞队、酒店协会等多方力量相互交错。从大落水的旅游发展来看，经历了自主发展的无序竞争期、政府介入的矛盾冲突期以及多方利益协同治理期，政府的介入推动了旅游规模的扩大和市场管理的规范。袁洁对位于贵州的郎德上寨和反排村进行对比分析，指出朗德上寨在政府的重视以及企业化的管理下旅游发展快速，提高了村民的生活水平，使得苗族文化更加丰富和多元，但是，也对传统的苗族文化产生了破坏，失去了民族文化的原真性。与此同时，反排村则处于旅游发展的初期，政府的重视度较低，也缺乏社会资本的协助，村民的生活未发生大的变化，期待旅游开发带来经济生活水平的提升，同时，也担心旅游的开发对传统民族文化产生破坏。通过案例的分析，可以发现政府的支持、市场化的开发对于少数民族村寨旅游发展及规范管理起着重要的作用，村民、政府以及外来社会资本推动着少数民族村寨旅游的发展演进。

3.1.1.2 宏观尺度的发展演进

李柏文对我国 1978—2008 年 30 年间民族旅游的发展历程进行总结，将其分为三个阶段：① 1978—1991 年的起步培育期，蒙古、云南等少数民族聚集区域先后设立旅游局或者游览事业局，旅游发展开始起步；② 1992—1999 年的转轨规范期，民族地区高度重视旅游产业在当地经济发展中的重要作用，纷纷把旅游产业作为当地支柱产业进行发展；③ 2000—2008 年全面提升发展期，西部大开发战略为民族地区旅游产业发展提供了资金与政策利好，旅游产业结构得到优化和升级，进入全面提升发展时期。通过对我国民族地区旅游发展30年的历史与经验的总结，李柏文指出政府重视与支持是旅游发展的根本动力，民族团结和地区稳定是旅游发展的根本，政府在民族地区旅游发展中发挥了十分重要的作用，并依据不同时期政府在旅游发展中的职能和作用，将民族旅游的发展模式分为三种（表 3-1）。

表 3-1　政府介入下少数民族地区旅游发展

模式	阶段	特征
政府主导型	起步培育期	政府几乎包办了旅游业的相关事务
政府主导市场化	转轨规范期	旅游业的市场化程度和产业化程度大幅度提高，管理上实施"政企分开，统一领导，分级管理，分散经营，统一对外"
政府服务市场化	全面提升发展期	政府更多地关注管理制度建设和行业服务，在旅游业的投资经营等方面逐渐退出

资料来源：李柏文，中国少数民族地区旅游业发展30年：业绩、经验及趋势，广西大学学报，2009

民族旅游主要以独特的民族文化和自然风光为吸引物，发生在少数民族聚集地区。由于少数民族聚集地区具有旅游资源丰富性和社会经济落后性相重叠的特征，民族旅游的发展承载着发展经济和传承文化的双重功能。因此，少数民族地区旅游的发展是一个"自发"和"他推"的过程。

在初期，通常只有少数自助游客进入，少数居民会自发开办一些家庭客栈等，满足旅游者的食宿需求，并从中获得一定的经济利益；随着该地知名度增加，越来越多的游客进入，由社区居民自发提供的接待设施将无法满足旅游者的需求，旅游主管部门便会吸引外来投资者来扩大接待规模，开发更多的旅游产品来满足大众旅游市场的需求，推动民族旅游进入快速发展阶段，社区居民的收入渠道和数额都在增多，居民生活水平得以改善。但同时也相继产生一些问题，如缺乏相应的利益共享机制，外来企业凭借资本及管理经验方面的优势通过开发旅游地资源而获得大量利润，那些不善于经营和服务的居民处于弱势，引发社区内部及社区与企业之间的矛盾冲突。

改革开放以来，我国的民族旅游已经走过了将近 40 年的发展历程，经过了起步、规范阶段，进入到全面发展阶段。从整体上看，我国的民族旅游尚处于发展阶段，旅游基础设施继续得到完善，旅游人数持续增多，旅游收入持续提高。然而，其发展过程存在不平衡的问题，部分开发较早的地区旅游供给状况亟待改善，旅游产业亟须进行转型升级，而部分开发较晚的地区尚在起步阶段，亟需引入社会资本协助其发展。

3.1.2 基于理论线索的研究

3.1.2.1 民族村寨旅游研究基础

理论研究来源于实践，反作用于实践，其成果既引导着实践，也是对实践结果的反思。我国民族旅游的研究是在西方研究理论及方法的基础上，对民族旅游发展实践进行回顾、总结并提出展望的过程，研究方法偏重于质性研究，资料获取偏重于个案研究，通过对不同个案的分析，抽取代表性和典型性案例，描述了民族旅游发展的历程。长期以来，许多学者也把"保护性开发"的理念、可持续发展理念、旅游地生命周期理论等作为研究理论和理念融入民族旅游发展，对民族旅游发展起到了积极的影响作用，但从总体上来看，我国民族旅游研究滞后于实践发展，研究基础薄弱且滞后于实践，往往是在相关问题凸显以后才引起重视随即进行相关研究。相关研究多是以来自云南、广西、贵州等省的典型个案来检验国外理论，当然，这些案例具有很好的典型性和代表性。

3.1.2.2 民族村寨旅游研究发展历程

刘安全对我国民族旅游研究成果进行分析，依据民族旅游发展历程和历年所发文章将民族旅游研究分为四个阶段：① 1987—1992 年的起步期，这一时期民族旅游也处于起步阶段，相关研究多以发展为主题，从经济发展角度阐述民族旅游是发展民族经济的重要途径之一；② 1993—2000 年的渐进期，1992 年，邓小平南方视察讲话之后，全国掀起发展经济的热潮，民族地区也开始积极进行民族旅游资源的开发，相关研究集中在旅游资源开发、旅游市场以及发展旅游带来的影响等方面，其中，旅游资源开发是重点研究内容，尤其是旅游产品的打造和相关纪念品、工艺品的开发；③ 2001—2004 年的调试期，2000 年，西部大开发造成了民族地区旅游发展过热的情况，部分地区出现了旅游产品商业化、庸俗化等现象，一味地追逐经济利益对当地自然及人文环境造成破坏，学者们开始探索和反思民族旅游的发展模式，以理性的态度，通过田野调查等科学的研究方法对民族旅游发展中的问题进行了探索；④ 2005 年以后的繁盛期，随着民族旅游进入全面发展时期，经济学、民族学、人类学、管理学等进入民族旅游研究中，出现了多学科交叉的现象，主要研究方向为区域经济、民族文化和生态环境。刘安全的这个阶段划分符合我国民族旅游发展和研究的实际情况，与李柏文对民族旅游发展阶段的划分基本一致，以 1992 年邓小平南方视察讲话和 2000 西部大开发为关键节点，进一步说明了政府政策对少数民族地区旅游发展的重要影响。

3.1.2.3 民族地区旅游研究内容

在民族旅游发展的早期阶段，许多民族地区将旅游作为一种新潮的经济发展方式，这一时期的研究主题大部分是"旅游是发展民族经济的重要途径"，随着民族旅游市场的开发，越来越多的学者关注少数民族村寨旅游资源的开发问题，市场规模进一步扩大，旅游人数越来越多，市场既带来了效率和发展，也带来了民族文化资源庸俗化、收益分配不均等问题，与之而来的是少数民族资源被破坏和民族社区居民的感情被伤害，学者开始从民族学和人类学的视角关注民族旅游发展中的个案，比如云南的傣族园和雨崩村、贵州的朗德苗寨等都成为研究的重点，既有成功的经验，也有矛盾的存在，通过对这些个案的分析与研究，总结出相应的发展经验并进行反思。见表 3-2。

表 3-2 民族地区旅游研究主要内容

研究主题	主要从发展与开发、存在问题、可持续发展角度来研究，围绕开发与保护、发展与公平、效率与平等的矛盾；民族地区旅游发展的重要性（发展）；民族旅游资源开发路径（开发）；开发中存在的问题（问题）；科学开发与解决问题（可持续发展）
研究理论	主要是外国理论的引入，如利益相关者、社区参与、社区增权

续表

开发模式	主要是政府主导的开发模式，相关实践集中在云南、广西、贵州等省，其对民族旅游的发展模式进行了有效的探索，涌现出傣族园模式、雨崩模式、朗德苗寨模式等。

资料来源：作者根据文献整理

3.1.2.4 民族地区旅游研究的职能

众多学者围绕民族地区旅游的实践展开理论研究，通过关注民族地区旅游发展过程中存在的问题，并积极寻求解决方式和路径，为民族地区旅游可持续发展提供理论支撑。民族地区旅游研究的职能主要体现在四个方面：肯定旅游在发展民族经济和保护民族文化方面的积极作用，明确民族地区旅游发展面临的困境，维护社区居民权益，为民族地区旅游可持续发展提供建议。

第一，肯定旅游在发展民族经济和保护民族文化方面的积极作用。谭志满等人通过对近 20 年民族旅游研究成果的分析指出旅游是发展民族地区经济和复兴传统民族文化的重要途径，通过旅游活动的开展和旅游产业的发展，可以提高社区居民旅游收入，为传统民族文化保护提供资金，推动传统民族文化传播，强化民族文化认同感。由于特殊的发展背景，民族地区旅游在一开始就承担着发展经济和保护民族文化的双重任务，这也导致民族地区旅游发展中存在诸多问题。

第二，明确民族地区旅游发展面临的困境。马东艳、王汝辉等人指出在民族地区旅游发展中存在着民族文化商品化、收益分配不公、相关补偿不合理等问题，面临着民族文化遭到破坏、社区利益结构失衡等发展困境，造成民族地区旅游发展过程中矛盾不断、冲突频发，影响了民族地区旅游的可持续发展。

第三，维护社区居民权益。社区居民作为民族文化的创造者和拥有者，在民族地区旅游发展中起着重要作用，是民族地区旅游发展的生命力所在，必须考虑和维护他们的利益诉求，胡家境、文晓国等人从制度角度讨论社区居民利益的实现方式，为社区居民参与民族旅游、实现自身利益诉求提供保障。

第四，为民族地区旅游可持续发展提供建议。旅游是一把双刃剑，在给民族地区带来积极作用的过程中，也带来了消极影响。学者从调整政府角色、构建利益协调机制、推进社区参与、完善利益共享机制等方面提出建议，重点解决少数民族村寨旅游发展中的冲突，跳出传统文化破坏、利益结构失衡的发展困境，实现可持续发展。

3.1.3 基于云南发展经验的旅游演进过程

我国的少数民族村寨旅游主要集中于云南、贵州、广西等少数民族聚集且传统文化保存较为完好的区域，是在中国旅游市场快速崛起的进程得到发展的。因此，本研究将经验事实与理论分析相结合，综合考量少数民族旅游资源特色和旅游发展基础，选取云南省具有特色的 30 个少数民族村寨来分析少数民族村寨旅游演进路径，构建利益演化的时间坐标轴。30 个少数民族村寨分别是落水村、白沙村、束河村、糯黑村、大墨雨、五棵树、仙人洞村、坝美村、大槟榔园村、大沐浴村、可邑村、城子古村、苏红寨、箐口村、那柯里村、老达保村、景来村、傣族园、喊沙村、周城村、诺邓村、翁丁村、大等喊村、银井村、回贤村、银杏村、老姆登、雾里村、吉沙村、雨崩村，位于丽江市、大理市、红河州等少数民族聚集区域，民族文化特色突出，旅游发展有基础且规模有差异，无论是从少数民族文化，还是从旅游产业发展来看都具有典型性和代表性。

通过对 30 个少数民族村寨旅游发展历程的分析，可以发现，从探索性发展、到多主体开发、到发展巩固是少数民族村寨旅游演进的基本路径，在演进的过程中，受到来自村寨内部及社会发展多方面因素的共同影响，呈现出不同的演进形态。落水村、大槟榔园村、傣族园等在发展初期都经历了探索性发展的过程，即少量的旅游者进入，村民通过提供食宿及土特产等与游客之间产生价值交换关系，旅游开始萌芽。随着政府出台各项政策推动旅游的发展，旅游成为推动少数民族地区社会经济发展的重要产业，政府介入少数民族村寨旅游开发的过程中，提供专家智囊、协助招商引资等，并对少数民族村寨旅游开发进行规划，如傣族园、翁丁、坝美村等。由于少数民族村寨社会经济落后，村民自身不具备旅游的开发、经营及管理能力，必须借助社会资本的力量，进入旅游资源的开发阶段，实现旅游的规模化开发和快速化发展，比如傣族园、束河、苏红寨等都在政府的主导下，引入企业共同开发。在多主体的共同参与下，村寨旅游资源得到规模化开发，旅游产业快速发展，游客人数增多，村民参与旅游经营的比率提高，村寨的产业形态以旅游为主，呈现出"旅游＋其他"的产业模式，进入快速发展。

结合少数民族村寨旅游发展实践及理论研究，依靠村寨村民"内源式"的发展容易带来旅游经济体量过小、难以拓展市场规模等问题，有必要引入外来力量来解决"内源式"带来的资源开发不充分、旅游经济效益低等问题，多主体开发就成为壮大旅游规模的必由之路。比如傣族园、大槟榔园、束河村、坝美村等在政府、企业、学者等群体的支持下，通过旅游景区的打造，成为本区域有代表性的少数民族旅游村寨，而同时，糯黑村、白沙村、城子古村等缺少企业方面的投资与管理，旅游经济的规模较小。

从旅游产业发展规模的角度来看，少数民族村寨旅游发展过程如图 3-1 所示，随着时间的推进，经历萌芽、开发、发展、巩固以及衰退的周期。

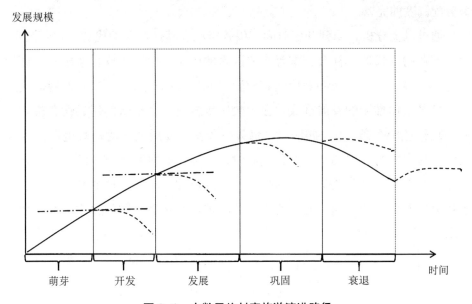

图 3-1　少数民族村寨旅游演进路径

　　少数民族村寨旅游发展过程呈现以下五个特征：①由单主体向多主体模式演进，从"自发"走向"自发＋他推"，政府政策的扶持、社会资本的参与、社会公众的支持是村寨旅游产业规模化的重要助推力量；②发展规模在"开发"阶段存在天花板，缺少政府的支撑，社会资本就难以进入，缺少社会资本的帮助，民族村寨的旅游发展规模无法壮大；③演进形态存在多样性，受内外部环境影响，有一直处于开发阶段的，如糯黑村、白沙村等，政府协助基础设施建设，受自身发展基础的影响，旅游资源未能得到充分的开发，旅游人数较少，也有在开发阶段之后就走向衰落的，如吉沙村，由于村民、政府、企业三者之间未能就旅游资源开发相关事项达成一致，旅游资源缺乏有效开发，旅游人数不断减少，走向衰退；④演进路径存在脆弱性，任何一个阶段都有可能会出现衰退的情形，但衰退不代表消亡，可以通过政策、社会资本的引入、制度的完善等方式来实现复兴，继续新的发展周期；⑤演进路径存在依赖性，即后一阶段的发展与前一阶段密切相关，少数民族村寨旅游之所以能够萌芽取决于其资源条件及社会环境，旅游产业的发展规模之所以能够壮大，在于多主体的共同参与，发展成果之所以能够巩固，在于利益分配制度的完善。

　　通过以上分析，受到开发时间、旅游资源、其他产业的代替、发展模式、旅游产业的现代性、社会资本等多方因素的影响，少数民族村寨旅游演进的形态多种多样，总的趋势是伴随着旅游产业规模的扩大，由自发发展模式走向"自发＋他推"的发展模式。在少数民族村寨社会经济的落后性和旅游产业的现代性两个条件的约束下，"萌芽—开发—发展—巩固—衰退"成为少数民族村寨旅游发展的基本过程。同时，少数民族村寨旅游的发展是不同利益主体在追求各自利益基础上而展开博弈的过程，不同群体的利益博弈决定了村寨旅游发展的走向，而村寨旅游的演进也影响着不同利益主体及其利益诉求。

3.2 少数民族村寨旅游利益主体演化

3.2.1 利益主体识别

对旅游主体的识别通常是放在旅游地的范畴来考虑，以旅游目的地的发展为核心，以弗里曼的观点为基础，将旅游地作为一个整体的协作系统，列出受到旅游发展影响的个人或团体，以及能够影响旅游发展的个人或团体。就企业的角度来说，从产权、利益享有、风险承担方面来划分和界定出利益具有一定的操作性和可行性。而就旅游地而言，目前较多是按照不同的身份来做利益主体的区分，并且，不同的旅游目的地，其发展阶段和发展模式不同，不同群体在其发展过程中所起作用不同，导致其利益主体也不同。

一般来说，在旅游发展的早期阶段，由于市场规模较小，处于一种社区自发提供旅游服务的发展状态，政府的干预也较少，缺少社会资本的注入，利益主体较为单一。还有一些民族文化资源较为突出的村寨，对于民族学、人类学的专家学者具有吸引力，成为很多相关院校及专业的研究基地，学者群体就成为主要的利益相关者。随着互联网技术的发展，网络自媒体兴起，有关于旅游目的地的信息能够在短期内以病毒般的速度传播开来，尤其是一些负面消息的广泛传播，对旅游地的形象造成了"塌方"式的破坏，在这种情境下，媒体就成为重要的利益相关者。由于识别标准的模糊性，对利益相关者的分类也多是静态的，缺少发展视角。因此，对旅游利益相关者的识别和分类，应该以权力和利益为基础，充分考量不同群体在旅游发展中的影响力和所承担的风险，将旅游目的地作为一个系统，从不同发展阶段、不同发展类型、不同情境来动态地判定和考察利益相关者。

3.2.1.1 利益主体识别途径

一是从权力角度对利益相关者进行识别。权力（Power），从狭义上看，通常指政治力或国家权力；从其广义上来理解，是一种影响力和支配权，也就是支配的力量，本研究从广义上来理解权力。未来学家托夫勒将权力的来源分为三种：暴力、金钱和知识，孙国华等人指出权力是由于权力主体在体力、智力、道德或经济、政治、军事、文化上的优越条件而产生的、能使其他主体服从自己意志的力量。旅游目的地的权力是指权力主体通过对资源的占有和支配，能够对旅游地的发展进行有效决策，并产生影响，主要从对资源的支配和旅游地发展的影响力来界定权力主体。就属性来看，旅游资源是我们人类共同拥有的遗产，然而，具体到实际的旅游目的地，资源所在地的社会群体对这些资源享有特定的权利，并承担相应的任务。就民族村寨而言，其资源主要分为人文资源以及自然资源，人文资源是由世代生活在本地的居民所创造，由建筑、宗教、服饰、饮食等文化构成，具有特殊性和多样性，是本地区最有吸引力的核心资源，这部分资源主要由当地居民所拥有，当地居民的行为方式对本地人文资源的影响非常大。自然资源是地球经过数亿年的演化而来，由山川、河流等共同组成，其中还包括当地居民在生产过程中对自然的改造，是由当地政府和居民共同拥有，在旅游发展中主要以土地作为资源价值的集中体现。政府和社区居民属于资源的拥有者，随着旅游的开发，外来企业通过租赁、购买等方式拥有了相关资源的使用权，也凭借其资本实力对民族地区旅游发展产生影响。从权力的角度，分析旅游资源的属性、旅游资源的使用及对旅游地产生的影响来判定利益相关者。

二是从利益角度对利益相关者进行识别。利益（Interest）是人类社会实践中最基础的现象，来源于个人的需求，其本质是生产关系，对利益追求是人类社会发展进步的原始动因。本研究的利益是指在旅游发展过程中，旅游系统中的不同群体凭借各自的权力在追求自身需要的过程中而获得的好处，并由此而形成的社会关系。旅游活动具有经济性、文化性、体验性等综合特性，其所带来的利益也具有多样化。首先，旅游能够带来物质利益，通过对民族村寨旅游资源的开发、旅游产品的打造以及旅游服务的供给，能够推动旅游地社会经济的发展，增加社区居民的收入，改善当地的生活条件。旅游作为一种可持续发展方式，通过旅游者的购买行为实现商品价值的让渡，其物质利益得以实现。物质利益主要通过经济的发展而获得。其次，旅游能够带来文化利益。旅游活动具有文化性，人文资源是旅游资源的重要组成部分，旅游者作为旅游活动的核心，主要是为了实现自我价值而进行旅游，是一种寻求精神愉悦的活动，就旅游活动本身而言是社会文化发展到一定阶段的产物，是一种文化现象。因此，对旅游利益进行分析必须考虑文化利益。旅游地居民与旅游活动联系密切，必须能够平等地分享这些活动所带来的经济、物质和文化利益。从利益的角度，通过考察旅游利益由谁创造和旅游利益如何分配来确定利益相关者。

综上，结合对权力和利益的分析。从少数民族村寨旅游资源的所有权、旅游资源的开发权、旅游利益的创造、旅游利益的分配确定不同利益主体在民族村寨旅游的发展中的利益贡献度和利益享有度。其中，利益贡献度主要通过旅游资源的开发和旅游利益创造而体现，利益享有度主要通过旅游资源的所有权和旅游利益的分配而获得，权力和利益共同对利益贡献度和享有度产生影响。

3.2.1.2 利益主体分类

根据上文对权力和利益的分析，从利益贡献度、利益享有度、利益影响度，结合对少数民族村寨旅游发展过程的剖析以及学者的理论研究，将少数民族村寨旅游利益主体分为以下 7 种类型。

第一，政府。依据世界各国的发展经验，旅游产业的发展属于政府主导型的发展，尤其是在一些发展中国家，这一特征更加凸显。主要原因在于旅游产品具有公共产品的特性，旅游的发展必须以基础设施的建设为优先，基础设施的建设是以政府为主导而进行的。此外，中国是社会主义国家，从生产资料所有制形式来看，属于公有制，一切归劳动人民所有，其表现形式分为国家所有和集体所有，政府作为劳动群众的代表，是生产资料所有权的执行者。因此，政府在少数民族村寨旅游的发展过程中扮演了重要的角色，很多发展决策由政府所做，对利益的创造和分配具有决定性的影响力和支配力。当旅游地的发展遇到纷争和障碍时，也需要政府出面协调并解决。依据不同的层级分为村、镇、县、市、省、国家级，对于地方政府而言，其主要目标是取得最大的执政效益。在现阶段，地方经济发展、社会稳定繁荣是执政效益的主要标志，因此，各级政府无不把促进地方经济建设作为头等大事来抓。

而旅游早就被作为"朝阳行业"来发展，截至 2018 年，全国有超过 27 个地区均已提出要将旅游作为支柱产业进行打造。再加上，习近平总书记对全域旅游发展战略的肯定，促使各级地方政府在进行基础设施建设以及发展经济时充分考虑旅游的功能。从行政权力的影响和支配来看，基层政府能够通过财政的支配、政策的执行等直接推动旅游地的发展，比如进行基础设施的建设、广泛的招商引资、制定文化保护的制度等，而中央政府则通过发展战略的制定等方式推动旅游地的发展，比如我国的西部大开发策略，推动了民族地区旅游产业的广泛、快速发展。由于旅游产业具有强综合性和关联性的特征，所涉及的政府管理部门众多。

第二，社区居民。社区居民在旅游发展中扮演着多重角色，是少数民族村寨旅游资源的创造者和拥有者，同时，也是旅游活动的主要承担者。Inskeep（1991）指出旅游地若能充分考虑居民要求并使其受益，那么社区居民就会较多地支持旅游的发展，以比较积极的态度介入其中，反之，如果在旅游发展过程中不能够充分考虑社区居民的利益，让他们看见游客在增多，自身非但不能享受其中的收益，反而还要忍受旅游发展所带来的物价飞涨、交通拥堵等消极影响，社区居民就会有抵制旅游发展的倾向和行为，会极大地影响旅游地的可持续发展。因此，社区居民积极参与到旅游活动中具有重要的意义。在旅游发展过程中，依据社区居民在旅游活动中的参与程度，可以被分为三种类型，分别是直接参与到旅游活动中的居民、间接参与到旅游活动中的居民以及未参与到旅游活动中的居民如表 3-3 所示。

表 3-3 社区居民的类型

参与程度	参与方式	收入来源
直接参与	直接接待游客、被雇佣为景区等旅游企业的员工等	主要来自旅游活动
间接参与	向旅游经营者提供农产品（蔬菜、土鸡等）原料、民族工艺品加工等	旅游、务农、手工艺
未参与	无	旅游分红、务农、经商、外出打工、政府救济等

直接参与到旅游活动中的居民。在少数民族村寨旅游活动开展的早期过程中，尚没有大规模的企业进入，部分村寨居民以提供食宿的方式接待游客，参与到旅游活动中来，这部分社区居民往往具备一定的经营能力和良好的沟通能力，受教育程度相对较高且具有一定的远见，通常是村干部或者其家属，较早从旅游发展中获益。随着旅游规模的壮大，部分民族村寨会以景区的模式来进行发展，以公司化的方式来进行运营，社区居民便通过被雇佣为员工的方式直接参与到旅游活动中来。根据实际的发展情况，不管是直接从事接待游客或者被雇佣为员工，其主要收入来自旅游，这部分居民通常会对旅游发展持积极的支持态度，并对旅游利益分配十分敏感。

间接参与到旅游活动中的居民。随着游客规模的扩大，在旅游地的消费规模也进一步扩大。并且，旅游者通常期望能够在民族村寨吃到原生态的菜品和食物，接待游客的农家乐便会从其他村民那里采购农产品，以保证食物的原生态，满足旅游者需求。因此，部分居民便通过提供农产品的方式，间接地参与到旅游活动中。这部分居民通常有多种收入来源，旅游收入只是其中的一部分，通常也会对旅游发展持支持态度，对旅游利益分配中的属于社区公共利益的福利与分红会较为敏感。

未参与到旅游活动中的居民。这部分是指没有直接或者间接从旅游活动中受益的社区居民。缺少必要的经营技能和沟通技巧，甚至是劳动力，并且，与开办农家乐经营户的关系比较疏离。当旅游活动的开展影响其正常生活时，会持反对态度，对旅游利益分配中的属于社区公共利益的福利与分红会较为敏感。

第三，旅游者。在旅游系统中，旅游者是旅游的重要参与主体之一，是旅游活动的出发点，有了旅游者的需求和出游行为，才有旅游社区的参与行为，才有一系列的旅游企业。随着技术进步及社会生产力的提高，旅游活动走向大众，不再是少数社会精英所特有的行为。按照年龄、地域、消费水平等标准可以将旅游者分为不同的类型，然而对旅游地影响最大的是旅游者的旅游动机以及在旅游地的行为方式。旅游者的动机由多种因素促成，按照"推拉理论"，旅游目的地的宣传促销、形象定位等因素以及旅游者自身的旅游诉求共同促成了旅游者动机的实现。其中，旅游者自身的旅游诉求在不断发生变化，而旅游地则会依据旅游者诉求的变化而调整产品及经营模式。以西双版纳傣族园为例，早期的旅游者的主要诉求是欣赏民族文化，社区居民则参与歌舞等表演，伴随着社会经济的发展，康养以及候鸟旅游成为旅游者的模式之一，社区居民则开始改造楼房，为旅游者提供设施齐全、可以长期住宿的房间。此外，旅游者不文明的行为也会对旅游地的文化以及自然环境产生破坏和影响。旅游者的需求及行为模式对少数民族村寨旅游的发展方向和模式起着决定性作用。

第四，旅游企业。企业是旅游经营活动重要的承担主体，通常是社会资本的重要表现形态，因此，为了将问题具体分析，本研究以旅游企业代替社会资本。在少数民族村寨旅游开发的过程中，当财政无力支付资金，进行旅游资源开发时，便引入企业投入资金及管理，协助开发，企业成为少数民族村寨旅游中重要的利益相关者，充当了政府、社区居民和旅游者之间的桥梁。此外，旅游产业链上的其他企业，比如旅行社、酒店、旅游规划公司等也会对民族村寨的旅游发展产生影响。在团队旅游的时代，旅行社掌握着客源渠道，是景区类企业（即民族村寨）的重要利益相关者，随着团队旅游向散客旅游的发展，旅行社的功能和作用逐渐淡化。本研究主要关注对民族村寨进行投资开发及管理的社区外企业。

第五，专家学者。具有一定的专业知识，通常来自高校或者研究机构，能够提出独特见解的群体，通常也能够在专业层面引导社会舆论。针对旅游地的发展提出理论，确定未来发展战略以及近期发展战略，引导旅游地发展；同时对旅游地未来发展情况进行预测，提供以及评估决策方案，对方案实施结果进行评价。对少数民族村寨旅游发展产生影响的专家学者通常来自旅游学、民族学、人类学等人文社科性质的学科，他们分别从旅游发展、民族文化保护、社区居民权益等角度对少数民族村寨旅游的发展建言献策，其内部也会存在观点不同等摩擦，甚至对能不能开发旅游都存在争议。但是，他们都期望通过理论的研究推动该村寨更好的发展、民族文化得到更有效的保护、社区居民的生活得到改善。在云南省西双版纳、香格里拉、丽江等少数民族聚集区域，其民族村寨的旅游发展都离不开专家学者的关注和研究。

第六，媒体。这里主要是指信息传播的媒介，即借助一定的中介物以及技术手段作为渠道或载体帮助人们传递和获取信息的工具，通常以信息平台的形式出现，主要包括电视、广播、报纸、周刊、互联网等，充当着信息传递、社会监管、关系协调、文化传承、舆论导向的功能。传统的媒体主要是电视、报纸以及户外媒体，随着科学技术的进步，包括门户网站、微博、微信、电子杂志等新媒体逐渐出现。伴随着社会的发展，互联网技术的更新迭代，新媒体在社会中的作用越来越大，承担的社会责任也越来越多，维护社会和谐健康发展的作用也更加突出。新媒体的出现以及在旅游发展中的应用，极大地改变了旅游信息传播的内容、速度和形式，随着智能手机的普及，新媒体在移动端的应用成为旅游信息传播以及旅游目的地宣传推广的主要阵地，媒体在旅游地发展中的作用和影响越来越大。对于旅游地而言，媒体是一把双刃剑，既能在短时间内大范围地宣传推广旅游地的社会及文化，迅速提高旅游地的知名度，同时，也能够在短时间内将负面消息传播至全国乃至全世界。民族村寨一般位于偏远地区，远离经济发达的客源市场，因此，十分需要媒体的宣传和推广。

第七，NGO。NGO 包括开展各类公益项目的运作机构及培训等活动的咨询机构，以及在工商领域开展活动的外企协会、商会及职业团体等。一般是相对于政府组织而言，属于非政治性、不以营利为目的的民间团体。有类似于政府的目标、企业的运作机制，其资金主要来自社会捐赠、会费或者政府购买服务。早期的 NGO 多是在国外及港澳台地区成立，进入中国大陆开展各类公益活动。受国外 NGO 发展的影响以及国内公益项目的增多，一些国内的 NGO 也开始成立。任何一个 NGO 都有其自己行动方法的指导，即 CAP，是其开展活动的基本原则，主要是期望公益活动的开展获取更多的组织费用。较早在中国民族地区协助社区居民开展旅游活动的是大自然保护协会（TNC）。

3.2.2 研究视角和方法

结合旅游产业发展规模，按照少数民族村寨旅游演化路径，将村寨旅游发展分为萌芽、开发、发展、巩固、衰退五个阶段。①萌芽阶段。即探索发展阶段，少量旅游者进入该地，个别居民的个人利益觉醒，通过提供食宿等服务满足旅游者的需求，获得了相应的收入，尚未出现专门化的旅游设施。②开发阶段。在政府主导下开始进行有组织的有规模的开发，基础设施不断完善，引入企业，进行市场化运作，出现专门针对旅游者的产品与服务，突破旅游产业规模天花板，旅游人数逐渐增多，旅游收入逐渐增加。③发展阶段。经过开发阶段，形成了多样化的旅游产品，以及专门的旅游服务，旅游地的知名度扩大，旅游人数呈现快速增长态势。④巩固阶段。即稳固发展阶段，旅游业成为该地的支柱产业，旅游人数增速放缓，利益诉求由经济为主转向多元综合，各方利益主体形成稳定的协商合作关系。⑤衰退阶段。受政策、市场等外部环境影响，旅游供给与需求产生矛盾，游客人数减少，旅游规模下降，引发旅游地衰退，如果能够采取适当的策略，将会迎来复苏。

本研究指出，少数民族村寨旅游在长期的发展过程中，形成了特定的发展阶段。在不同的发展阶段，利益主体不同，同时，利益主体间的相互博弈也影响着少数民族村寨的演进路径。本研究提出从利益贡献度、利益享有度、利益影响度三个维度来对旅游利益相关者的演化进行分析。

为明确利益贡献度、利益享有度、利益影响度三个维度的基本含义，本研究对其做了如下界定。利益贡献度、利益享有度、利益影响度三个维度均围绕着旅游利益相关者而展开。利益贡献度主要是通过旅游资源的开发和旅游利益创造而体现出来的指标，是对少数民族村寨旅游发展贡献作用大小的评价；利益享有度主要通过旅游资源的所有权和旅游利益的分配而获得，是对实际享有少数民族村寨旅游利益多少的评价；利益影响度从间接的权利和利益视角出发，是通过行为或言论对少数民族村寨旅游发展产生影响大小的评价，比如学者群体，虽然不直接拥有民族旅游资源，也没有从少数民族村寨旅游发展中直接获利，但是，其通过专业的知识对少数民族村寨旅游发展起着影响作用，这种影响通常是间接的。

依据少数民族村寨旅游利益相关者识别机制，本人于 2018 年 10 月 8 日至 2018 年 10 月 28 日，结合少数民族村寨旅游发展的五个阶段，从利益贡献度、利益享有度、利益影响度三个维度设计了李克特 7 级量表的调查问卷，邀请来自旅游研究、旅游规划、民族研究等领域的 20 位专家，对社区居民、政府、企业、旅游者、专家学者、媒体、NGO 7 个利益相关者进行打分，在综合 20 位专家打分的基础上，分析不同发展阶段、不同利益主体三个维度的平均分，以判定五个阶段的核心利益相关者。本研究依据专家打分情况，结合专家意见，把利益贡献度、利益享有度、利益影响度任两个维度的平均分在 4 分及以上的视为该阶段的核心利益主体，下面主要对核心利益主体进行分析。

3.2.3 利益主体演化分析

3.2.3.1 旅游萌芽阶段

在旅游萌芽阶段，旅游者被民族村寨独特的民族文化以及原生态的自然环境所吸引，旅游者数量较少，旅游发展规模较小；由于旅游者的到访，产生住宿、餐饮等需求，小部分社区居民通过自发组织，以提供餐饮、住宿等接待服务或者本地特产来满足旅游者的基本需求。从时间发展来看，该阶段对应于我国改革开放初期。由于游客数量较少，再加上国内的旅游发展环境，政府尚没有提供专门的旅游设施，属于自发的探索性发展。依据专家打分，得出图 3-2，社区居民和旅游者在两个维度的平均分都超过 4 分，属于该阶段重要的利益相关者，政府、企业、专家学者、媒体、NGO 两个维度平均分都在 4 分以下，且专家学者、媒体、NGO 的利益享有度都较低。结合该阶段发展特征，旅游业规模较小，由旅游活动所产生的利益交换主要发生在旅游者和社区居民之间，政府及企业较少或者没有介入。对于少数民族村寨旅游发展而言，想要进一步增加游客量，推进旅游产业规模的增长，必须借助政府和企业的力量，完善基础设施，走市场化运作和现代化管理的道路。

单位（分）

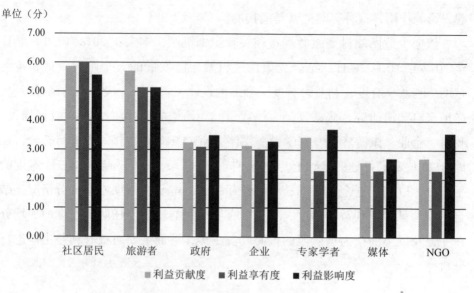

图 3-2　萌芽阶段利益相关者评分

3.2.3.2 旅游开发阶段

伴随着国内市场经济的发展，充分认识到以旅游为代表的第三产业在国民经济中的重要作用和价值，再加上西部大开发战略的实施，民族村寨的旅游进入起步阶段。民族村寨受"贫困恶性循环"的作用，靠自身的力量难以实现经济发展，需要政府的扶持性发展政策。旅游开发阶段，政府开始介入旅游资源的开发，期望发挥"集中力量办大事"的优势，整合各类资金对旅游地进行专门投资，提供相应的旅游设施；在政府整合资金的过程中，招商引资成为其重要的手段，即引入企业对旅游地进行开发和管理，企业的类型可以是外企、国企以及民企。在这一阶段，政府和企业介入旅游地的发展过程，在协助社区居民进行旅游开发的同时，也在一定程度上剥夺了社区居民的利益。依据专家打分，得出图 3-3，社区居民、旅游者、政府、企业在利益贡献度、利益享有度和利益影响度三个维度的平均分都超过 4 分，属于该阶段重要的利益相关者，且利益贡献度的平均分高于利益享有度的平均分，说明该阶段属于利益主体创造利益的时期。专家学者利益的影响度超过 4 分，表明在起步阶段，专家对于少数民族村寨旅游发展的规划及建议十分重要。起步阶段，重要利益相关者增多，尤其是政府的有效介入，发挥政府社会资源调配的作用，为旅游地的发展打下良好的基础。

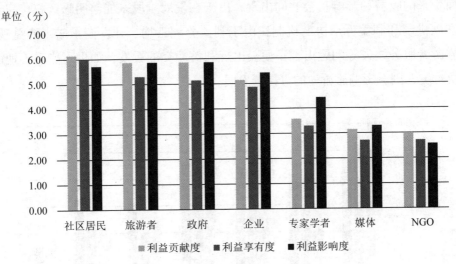

图 3-3　开发阶段利益相关者评分

3.2.3.3 旅游发展阶段

紧跟着起步阶段，在政府的引导、企业的规模化开发下，少数民族村寨旅游进入发展阶段。主要特征为：旅游基础设施不断完善，旅游产品不断丰富；旅游宣传促销力度增加，形成了明确的客源地，出现明显的旅游淡旺季；旅游发展规模扩大，游客接待量增多。依据专家打分，得出图 3-4，社区居民、政府、企业在利益贡献度、利益享有度和利益影响度三个维度的平均分都超过 5 分，是该阶段的核心利益主体。且社区居民和企业利益享有度的平均分均超过 6 分，在该阶段，随着民族村寨旅游的快速发展，企业和村民开始从中获利，是利益的主要享有者。企业在民族村寨的开发和管理、客源引入、产品打造等方面发挥了重要的作用，由于规模化的开发而带来大量的利润；社区居民参与旅游活动的途径增多，从旅游活动中获得的收益增加；而政府则完成了招商引资任务，充当协调不同利益群体的裁判员。媒体和专家学者在利益贡献度和利益影响度的平均分有所增加，但是，利益享有度的平均分较低，说明媒体和专家学者对于民族村寨发展起着重要的作用，但是，不直接参与少数民族村寨旅游利益的分配。伴随着旅游的发展，由旅游发展而带来的收益和影响将会共同出现，由于在发展阶段未能够明晰产权、完善发展机制和利益诉求协商机制，由于利益分配不均、开发商承诺未能兑现、旅游者服务缺失等问题出现，便会出现利益冲突的爆发，如果不能妥善地解决冲突，则会影响旅游地的可持续发展。

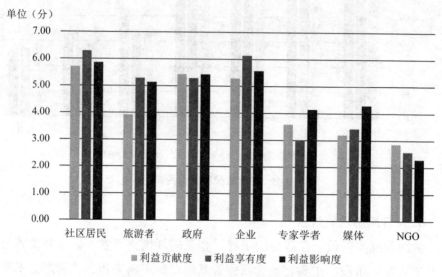

图 3-4　发展阶段利益相关者评分

3.2.3.4 旅游巩固阶段

得益于良好的外部环境以及有效的内部管理，旅游地的发展进入巩固阶段。主要特征为：旅游业发展规模在进入高峰后，增长速度缓慢或者增长停滞，进入稳定期，旅游业成为该地的支柱产业，旅游基础设施完善，旅游产品丰富，各项利益分配制度完善。游客量的增长保持稳定，对于企业而言，由于旅游产业迅速发展而带来的增长红利消失，必须对产品及服务进行精耕细作，对于社区居民而言，旅游业成为主要的经济来源，对旅游业的依赖性较强。依据专家打分，得出图3-5，社区居民、旅游者、政府、企业在利益贡献度、利益享有度和利益影响度三个维度的平均分都超过 5 分，属于该阶段的核心利益主体。从各个利益相关者三个维度的平均分来看，与发展阶段较为相似，是发展阶段的延续，社区居民和企业在利益享有度方面的平均分依然较高，与此同时，媒体的利益影响度有所增加，其在对少数民族村寨旅游形象及产品的宣传推广方面起着重要的作用。

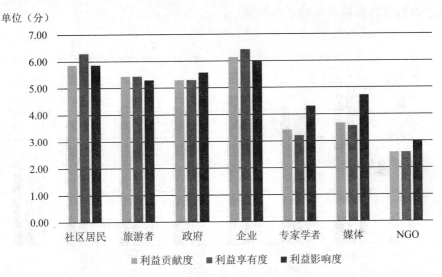

图 3-5　巩固阶段利益相关者评分

3.2.3.5 旅游衰退阶段

如果旅游地能够形成可持续的利益分配机制，各方利益主体也均能够意识到长远的可持续发展对大家都有利，并且，社会环境在长期内保持稳定状态，旅游地便会巩固成熟阶段的发展成果，进入缓慢增长期。如果旅游地的利益分配机制不可持续，利益冲突不能够得到有效解决，旅游产品老化难以满足市场需求，旅游地便会进入衰退阶段。衰退阶段的主要特征为：游客被新的目的地吸引，客源减少，旅游发展规模快速下跌；旅游业投资开始退出，如果能够采取有效措施，该地将会迎来新的发展循环。依据专家打分，得出图 3-6，社区居民、政府、企业在利益贡献度、利益享有度和利益影响度三个维度的平均分都超过 5 分，都属于该阶段的核心利益相关者。政府则尝试通过新的政策突破来寻求逆势上扬，同时，专家学者对该阶段的研究，也能够为旅游地的发展决策提供相应的建议。一个旅游地衰败的原因多种多样，伴随着旅游地的衰退，游客数量减少，旅游地所创造的利益下降，社区居民和企业会为了争夺有限的资源而发生冲突，此时，如果政府能够当好利益的仲裁者和发展的推动者，维持旅游地秩序的稳定，推动旅游经济由衰退走向复兴，旅游地将会迎来新的发展周期。

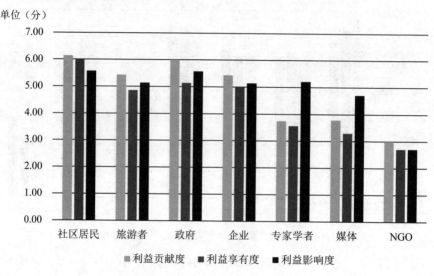

图 3-6　衰退阶段利益相关者评分

在村寨旅游发展中，起到重要作用和主要获得收益的群体，包括社区居民、旅游者、政府、企业四大类，此外，在旅游地的发展过程中，学者、媒体等通过各自的话语权也对旅游地的发展起着重要的影响作用。具体来看，少数民族村寨旅游主体演化有如下表现。

（1）在萌芽阶段，社区居民和旅游者属于核心利益主体；进入开发阶段及以后，社区居民、旅游者、政府和企业成为核心利益主体，具有稳定性。

（2）结合专家评价结果和少数民族村寨旅游产业发展过程，核心利益主体的演化路径有两种情况。

①社区居民＋旅游者→社区居民＋旅游者＋政府→社区居民＋旅游者＋

政府 + 企业。进入开发阶段以后，政府先介入，通过提供旅游规划、基础设施等支撑来实现"筑巢引凤"，如喊沙村、大槟榔园等，企业的进入推进了旅游资源的有效开发，为少数民族村寨旅游发展提供了条件和机会。此外，也有政府介入后，未能够引入企业协助发展，如糯黑村、老达保等，正处于旅游开发阶段，积极招商引资，寻找社会资本协助，实现规模化发展。

②社区居民 + 旅游者→社区居民 + 旅游者 + 政府 + 企业。进入开发阶段以后，政府在介入的同时，带来了企业共同发展，如傣族园、勐景来等，政府和企业的共同介入，推动了村寨由开发阶段快速进入发展阶段。

伴随着利益主体的演化，少数民族村寨旅游从"内源式"的自发发展走向内源、外源式共同推进的"自发 + 他推"发展模式。在萌芽阶段，利益主体较少，旅游产业规模较小，利益诉求单一，由旅游利益而产生的冲突也较少。新的利益主体介入，推动了旅游产业的发展，壮大了发展规模，同时，也改变了利益主体的利益诉求，打破了原有的利益均衡状态，为利益冲突的产生创造了条件。

3.3 少数民族村寨旅游利益诉求演化

少数民族村寨旅游发展的利益主体由单一走向多元，利益主体的介入对旅游的发展起到了推动作用，同时，也使得旅游地的利益诉求更加多元和具体。同时，在利益主体内部也出现了利益的分化。从政府角度来看，中央政府、地方政府，以及各职能部门利益诉求存在差异；从社区居民角度来看，普通居民、社区精英的利益诉求存在差异；从企业角度来看，可以分为旅游地内部经营企业（如开发商、项目运营商等）和旅游地外部经营企业（如旅行社等），其利益诉求存在差异；从旅游者角度来看，不同类型旅游者的利益诉求存在差异。为了便于分析和讨论，本研究将政府、居民、企业、旅游者看作无差异的抽象群体，而其内部的分化与差异不在本研究的讨论范畴中。

利益诉求是利益主体之间的纽带，旅游发展过程中涉及众多利益主体，而不同利益主体的利益诉求具有较大的异质性和主观性，因此，对利益诉求进行描述和具体表达是一件困难的事情，大部分文献都从定性的角度，利用访谈或者问卷的方式分析了不同利益相关者的利益诉求。本研究在对文献进行分析的基础上，结合少数民族村寨旅游发展的实际情况，将少数民族村寨旅游利益诉求分为经济、文化、环境、政治及其他，对萌芽、开发、发展、巩固、衰退五个阶段不同利益相关者的利益诉求进行分析。

3.3.1 利益诉求分类

利益诉求是组织或者个体在社会发展过程中为了获得自身生存及发展的满足而对精神和物质的需求，少数民族村寨旅游利益诉求是各个利益主体在旅游发展过程中期望获得的精神及物质需求。本研究整理了近年来在核心期刊公开发表的与乡村旅游利益诉求有关的论文，具体内容如下。

纪金雄以武夷山下梅村为例，将利益群体锁定在当地居民、政府、企业、旅游者，并对其利益诉求进行了问卷调查。调查发现：当地居民对于收入提高、增加就业机会的诉求最高，对参与旅游决策和管理诉求较低；政府最关注的是通过旅游发展来改善整体经济状况，其次是通过旅游的发展带动其他相关产业的发展和改善基础设施，提升整体形象；公司主要希望通过开发获得利润回报，为居民提供就业机会和促进当地经济发展则不是其主要诉求；对旅游者吸引最大的是原生态的自然和人文景观，对旅游安全、环境卫生、特色餐饮等的关注度也较高。

李乐京对民族村寨进行分析，将政府、村寨居民、旅游企业、旅游者划分为核心利益群体，对其利益诉求进行分析。政府的利益诉求是促进地方经济发展、推动基础性和经营性投资、增加财政收入和就业机会、提高民族村寨居民生活质量和环境保护意识、推进民族文化传承工作、维护社会稳定；村寨居民的利益诉求是希望通过旅游业获得更多的就业机会和商业机会、增加经济收入、改善生活条件、提高生活质量、保护生态环境、尊重民风民俗、传承民族文化、尽可能避免因旅游业发展所带来的负面影响；旅游企业的诉求是利润最大化、宽松优惠的政府政策、及时的行业引导、有效的市场监管和产品推广及社区协调服务，当地居民具备为旅游企业发展提供服务的素质、支持其旅游项目；旅游者的诉求是物有所值的旅游体验、满意的服务，体验独特的民族文化及民俗风情。

冀瑞鹏以婺源为例指出政府、企业、居民、游客各方利益诉求的维度及具体内容，主要集中在经济、社会关系、环境方面，此外，居民在政治上希望有权参与到当地旅游业的管理，并得到当地政府及旅游公司官员的尊重。胡北明对九寨沟进行分析，认为政府更加关注资源的保护及可持续利用与开发，社区居民关注短期切身利益的实现，旅游者关注产品质量以及高质量的旅游体验。刘孝蓉从可持续发展的角度对民族村寨利益主体的诉求进行分析，总结出政府的利益诉求包括提高税收、改善当地经济、保护民族文化、保护本村的自然环境、带动其他产业发展、促进当地社区的团结、永续的发展；社区居民的利益诉求包括获得就业机会、增加收入、参与旅游利益分享、改善生活条件、文化受到尊重、文化得到传承、永续的发展；企业的利益诉求主要包括获得高额的利润回报、保护当地民族文化、良好的形象、永续的发展；旅游者的利益诉求主要包括满意的旅游体验、公平公正的消费环境、安全舒适的旅游环境、永续的发展。

胡文海指出在我国相关旅游发展中普遍存在着利益分配不公的问题，乡村旅游的发展的主要利益相关者包括政府、社区居民、旅游企业、旅游者等，利益问题是其关注的焦点之一。

此外，王翔宇等人提出在社区居民内部，其利益诉求也是有差异的，依照诉求程度的强弱，依次是保障经济利益、优化民主管理机制、维护提升景区环境、塑造良好旅游文化氛围。对社区居民而言，经济利益是核心，随着旅游的发展，民主意识觉醒，民主管理体制的优化得到重视；至于生态环境，在没有出现明显恶化的情况下，社区居民不将其作为主要诉求。总体上看，社区居民对于经济利益的诉求要强于对精神文化的诉求。

其他一些相关研究也主要是对政府、社区居民、旅游企业、旅游者的利益诉求进行分析，有研究从旅游地的整体情况出发而进行的全面分析，也有单独对某一类利益相关者诉求的差异化进行的研究。

从旅游利益诉求角度，旅游利益诉求分为个体利益诉求和群体利益诉求，群体利益诉求是对某一团体内个体利益诉求共性的总结和分析。这里将政府、社区居民、旅游企业、旅游者、专家学者、社会媒体、NGO 7 个利益主体作为无个体差异的抽象群体，不考虑其内部的分化与差异，着重分析各个群体利益诉求的共性，比较不同利益主体之间利益诉求的差异。

从利益维度来看，可以将利益诉求划分为经济、文化、环境、政治及其他四个方面。经济方面的利益诉求主要是指满足生产生活需要的物质方面的利益，是与经济发展、收入水平直接相关的指标，比如社区居民期望获得土地租金、经营性收入等方面的要求；文化方面的利益诉求主要是指与本民族文化相关的需求，包括对文化的保护和开发等，比如政府期望对本地区优秀的民族文化进行保护等方面的要求；环境方面的利益诉求是指与本地区发展直接相关的条件，包括对基础设施的完善、生态资源的保护等，属于较为综合的利益诉求，比如旅游者期望良好的市场秩序等方面的要求；政治及其他诉求主要是分为两个层次，一个是对于与参与决策相关方面的诉求，另一个是不能够被纳入经济、文化及环境方面的其他诉求。见表3-4。

在各类利益诉求中，对经济利益的诉求是最核心的诉求，也是引发较多冲突和矛盾的领域，大多数冲突都是由于利益分配不均而引发。其中，对社区居民的利益诉求关注度较高，关于经济利益、民族文化保护等方面的诉求与冲突都是围绕社区居民而展开。

表3-4　各利益主体利益诉求汇总

	政府	社区居民	企业	旅游者	研究机构	媒体	NGO
经济诉求	提高本地经济水平 增加财政收入 吸引更多的外来投资 提高本地就业率	土地租金 经营性或者工资性收入 年终分红 投资获益 保护传统文化的补助 更多的旅游者	经营性收入 投资获益 更多的旅游者	便宜的价格	没有直接的经济诉求	没有直接的经济诉求	没有直接的经济诉求

续表

	政府	社区居民	企业	旅游者	研究机构	媒体	NGO
文化诉求	保护传统的建筑、服饰、宗教、美食等文化与外界文化互相交流	保护传统的建筑、服饰、宗教、美食等文化民族文化得到认可	保护传统的建筑、服饰、宗教、美食等文化利用文化开发旅游产品	通过建筑、服饰、美食等文化获得丰富且原真的旅游体验	对传统文化进行研究、挖掘和保护	保护具有传播和交流价值的传统文化	对传统文化进行研究、挖掘和保护
环境诉求	良好的外部形象公共性基础设施得到完善旅游基础设施得到完善自然环境得到保护良好的文化氛围	良好的外部形象公共性基础设施得到完善旅游基础设施得到完善居住条件得到改善自然环境得到保护良好的文化氛围	良好的外部形象公共性基础设施得到完善旅游基础设施得到完善自然环境得到保护良好的文化氛围	良好的治安条件良好的自然环境干净整洁的卫生环境良好的文化氛围	良好的自然环境良好的社会氛围	良好的自然环境良好的社会氛围	自然环境优美野生动植物得到保护良好的文化氛围
政治及其他诉求	社会稳定跟随其政绩的要求而发生变化	参与旅游决策与管理和谐的社区关系相关技能培训	有效的市场监管优惠的税收及土地政策行业指导长久的发展	规范的市场秩序有效的投诉渠道	更多的研究成果推动经济发展	获得更多的关注和点击率	弱势群体的权利得到维护社区居民更多地参与到旅游活动中提高贫困人口的收益获得更多的捐赠和会费

3.3.2 利益诉求演化分析

马斯洛在对人的需求进行分析的基础上构建了需求理论，指出人的需求是由低级到高级不断发展、由生理需求到自我实现需求不断演化的过程，只有当初级阶段需求得到满足以后，才会进入中级阶段的需求，中级阶段需求满足以后，才会进入高级阶段的需求。少数民族村寨旅游地旅游利益主体的诉求也是不断发生变化的过程，在不同的发展阶段，其利益诉求的重点与表现形式不同，由之而带来的矛盾冲突也不一致。

3.3.2.1 萌芽阶段

旅游的自发发展阶段，由于该阶段游客量较少，政府未直接介入旅游的发展中，也尚未有大型旅游企业进入开发，社区关系较为和谐，且与旅游者的关系也较好，少数的社区居民由于已经通过接待游客获得了经济收益，期望能够进一步扩大经营，增加收入，其利益诉求主要以经济利益为主，利益开始萌芽。旅游者期望能够体验到原生态的民族文化，以观光猎奇为主要出游动机。专家学者以民族学、历史学、人类学学科为主，主要是对民族文化进行挖掘和保护。NGO作为不以营利为目的的民间团体，主要行为以公益性扶助为主，在少数民族村寨旅游发展的萌芽阶段，通过提供培训、资金等协助居民提高旅游接待能力，见表3-5。

表3-5　旅游萌芽阶段利益诉求内容及特征

利益诉求主体	利益诉求内容	利益诉求特征
社区居民	参与旅游经营 增加收入	以经济利益为主，未出现其他方面的利益诉求
政府	未直接介入	未直接介入
旅游企业	未直接介入	未直接介入
旅游者	优美的风光 原生态的民族文化	参照旅游者的出游动机，以观光猎奇为主
专家学者	无直接利益诉求	从研究内容来看，主要是对民族文化进行挖掘和保护
媒体	无直接利益诉求	不明确
NGO	提高居民的旅游接待能力	主要以公益性扶助为主

3.3.2.2 开发阶段

民族村寨的旅游开始进入有组织、有规模的发展阶段，利益主体增多，利益诉求逐渐明确。由于旅游地社会经济的落后及社区居民自身能力有限，无法有效通过自己的力量推动旅游产业实现快速发展，必须借助政府的力量，对基础设施进行完善，或者是引入企业来协助其经营。政府介入，引入企业来协助社区进行开发和旅游经营，同时期望通过大量的资金投入、组织化经营的方式促进旅游地的快速发展。这一阶段，旅游核心利益主体增加，其利益诉求以经济为主，基本逻辑是期望利用本地的民族文化资源获得经济收益。具体来看，社区居民期望自己的土地获得合理的经济补偿、获得就业机会、生活条件能够改善等，尚未意识到本民族文化的巨大价值及旅游开发对民族文化的破坏。因此，文化及环境的利益诉求不明确，也未意识到参与旅游发展规划的重要性。政府期望以旅游推动地方经济的发展，增加税收、提高就业率、增加本地的GDP 等，受更多的旅游者欢迎。企业作为旅游开发的主体，期望获得更多的优惠政策，如便宜的地价、较低的税收等，最根本、最直接的利益诉求是获得经济利益。旅游者期望能够体验到原真性的民族文化，就旅游动机来看，以观光猎奇为主，体验到不同的文化，付出的金钱能够得到相应的产品。该阶段，利益主体增加，利益诉求增多，利益关系开始复杂化，尤其是社区居民和旅游企业之间在土地占用费、文化资源补偿费等方面存在分歧和利益矛盾，为发展阶段的矛盾与冲突埋下隐患。各个核心主体对于旅游利益分配的期待较高，但是，由于旅游经济的快速发展，相应的机制体制都未完善，产权不明晰、体制不完善、对话机制不健全等为冲突的爆发埋下伏笔，这一阶段也属于利益冲突的潜伏阶段。专家学者的主体发生变化，除了民族学学科的专家，经济学、管理学、旅游学学科的专家也开始关注民族村寨，从研究内容来看，除了对民族文化的保护，还增加了对少数民族村寨旅游开发模式方面的研究。就媒体来看，虽然在旅游地没有直接的利益诉求，但其舆论影响力越来越大，见表3-6。

表 3-6　旅游开发阶段利益诉求内容及特征

利益主体	利益诉求内容	利益诉求特征
社区居民	土地占用获得补偿 改善居住条件 改善基础设施 获得就业 获得发展旅游的机会	以经济利益为主，同时，期望基础设施等社会环境得到改善，获得更多的发展机会

续表

利益主体	利益诉求内容	利益诉求特征
政府	吸引更多的投资 增加 GDP 更好的政绩表现	以经济利益为主
旅游企业	获得经济效益 优惠政策（税收、基础设施完善）	以经济利益为主
旅游者	体验原真性的民族文化 旅游产品	从旅游动机来看，体验具有特色的民族文化
专家学者	无直接利益诉求	从研究内容来看，主要是对民族文化进行挖掘和保护以及开发
媒体	无直接利益诉求	从行业特征来看，主要是对民族村寨进行新闻报道，引起社会关注
NGO	无直接利益诉求	从行为特征来看，主要以公益性扶助为主，提高居民的旅游接待能力，维护弱势群体的利益

3.3.2.3 旅游发展阶段

在旅游发展阶段，核心利益主体的地位发生变化，旅游企业的到来，为少数民族村寨旅游发展注入资金，提供现代化的管理体系、市场化的运作方式等，使得该地的旅游得到快速发展，为游客提供旅游产品和专业的旅游服务，游客量增多，为社区居民提供了更多的就业机会，收入提高，同时，也推动了当地社会经济的发展，成为民族村寨的核心利益主体。就社区居民来看，其利益诉求以经济和文化利益为主，主要表现为进一步改善经营和生活条件、保护本民族的传统文化，伴随着收入的提高，社区居民期望能够对传统的住房进行改造，迎合现代化的生活方式，获得更好的居住条件和旅游接待条件；就政府来看，其利益诉求以经济利益诉求为主，主要表现为获得更好的政绩表现、维持社区的和谐稳定；就旅游企业来看，其利益诉求仍以经济为首位，主要表现为获得经济收益，同时，政府对企业、企业对社区居民之间的承诺未能顺利兑现，旅游资源产权不明晰等问题的存在引发矛盾；就旅游者来看，其利益诉求主要表现为经济利益和文化利益，即通过付出一定量的金钱获得满意的旅游体验，体验原真性的民族文化，从行为特征来看，对于旅游产品和服务有更高的要求。旅游的发展，传播、保护了民族文化，推动了民族村寨社会经济的发展，同时，也出现了民族文化的泛化和失真问题，针对发展中取得的成就和存在的问题，专家学者的研究内容主要集中于对民族文化资源的开发与保护。伴随着互联网、电视广播等多媒体的发展，媒体对于旅游地的影响力度进一步增强。NGO 由关注旅游地的弱势群体转为重点关注民族文化的保护和环境治理问题，见表 3-7。

表 3-7　旅游发展阶段利益诉求内容及特征

利益主体	利益诉求内容	利益诉求特征
社区居民	资源入股获得分红 保护民族传统文化 与外来文化进行交流 改善居住条件	以经济利益为主，在旅游发展过程中，意识到本民族文化的重要价值
政府	提高就业率 增加 GDP 维持社区和谐稳定 保护传统文化和社区利益	以经济利益为主，意识到民族文化保护与开发的矛盾
旅游企业	获得经济收益 优惠政策 长久的发展 与社区、政府保持良好的关系	以经济利益为主，同时，期望能够与政府、社区保持良好的关系
旅游者	体验原真性的民族文化 丰富多样的旅游产品 优质的旅游服务	从行为特征来看，对旅游产品和服务有了更高的要求
专家学者	无直接利益诉求	从研究内容来看，主要是对民族文化资源的开发与保护
媒体	无直接利益诉求	从行业特征来看，通过宣传推广活动，对民族村寨旅游发展的影响越来越大
NGO	无直接利益诉求	从行为特征来看，主要以公益性扶助为主，保护旅游地的文化及环境

3.3.2.4 旅游巩固阶段

在旅游地的巩固阶段，政府的主导、社区居民的参与、企业的管理和市场运作、社会公众的支持共同推动了旅游地朝市场化、现代化、规范化的方向发展，利益分配机制完善，各个主体的利益诉求也发生了一定的变化。就社区居民来看，其利益诉求由单一走向多元，经济方面期望获得由资源入股而产生的分红，文化方面更加强调保护传统文化的重要性，政治方面期望能够了解旅游地的发展规划、参与到旅游地的发展决策中，环境方面期望社区的生态环境得到保护。就政府来看，其利益诉求更加综合，依然期望本地社会经济水平得到提高，GDP 有所增加，同时，更加注重维持社区的和谐稳定、提高本地居民的满意度、保护传统文化和社区利益、维持旅游秩序和社会形象，获得更好的政绩表现。就企业来看，由于快速发展而带来的增长红利消失，需要依靠专业化、精细化的产品和服务来维持进一步的发展，其利益诉求仍然主要集中于经济，获得利润的方式发生变化，更加重视民族文化的保护、社区生态环境的保护、与居民保持和谐的关系、树立良好的形象、获得长久的发展。就旅游者而言，期望能够体验到社区传统的生活方式，感受淳朴自然的氛围，从行为特征来看，对于旅游产品和服务的品质要求更高。就专家学者而言，主要对旅游地的发展模式和路径进行总结，为可持续发展提供支撑和建议。互联网的发展，使得媒体所掌握的舆论影响增强，对于旅游地的发展影响巨大，必须重视。NGO 依然关注民族文化的保护和环境治理问题。这一阶段的突出特征是，各个核心主体的利益诉求趋向多元，通过有效的利益诉求表达和利益协调机制，有效地缓解了发展阶段的冲突和矛盾，见表 3-8。

表 3-8　旅游巩固阶段利益诉求内容及特征

利益主体	利益诉求内容	利益诉求特征
社区居民	资源入股获得分红 了解旅游地的发展规划 参与到旅游地的决策 保护民族传统文化 保护社区生态环境	利益诉求由单一到多元，通过参与或了解旅游地的决策真正成为旅游发展的主体

利益主体	利益诉求内容	利益诉求特征
政府	增加 GDP 保护生态环境 维持社区和谐稳定 提高本地居民满意度 保护传统文化和社区利益 维持旅游秩序和社会形象	注重社会综合效益，在维持旅游地社会秩序及塑造形象方面发挥了重要的作用
旅游企业	获得收益 与社区、政府保持良好的关系 保护民族村寨的文化资源与自然环境 长久的发展与良好的形象	以获得经济利益为主要诉求，重视与社区居民的关系、民族文化的保护等
旅游者	体验当地的习俗和生活方式 特色的旅游产品 优质的旅游服务	从行为特征来看，对旅游产品和服务的独特性有更高的要求
专家学者	无直接利益诉求	从研究内容来看，主要是对旅游地可持续发展路径、模式的分析
媒体	无直接利益诉求	从行业特征来看，对少数民族村寨旅游发展的影响越来越大
NGO	无直接利益诉求	从行为特征来看，主要以公益性扶助为主，保护旅游地的文化及环境

3.3.2.5 旅游衰退阶段

　　少数民族村寨的旅游是一个由萌芽到兴盛，再由兴盛转向衰退的过程。在衰退阶段，受到各方影响，旅游人数减少，旅游给当地带来的经济收益减少。一般来说，少数民族村寨旅游的衰退来源于三个方面：一是内部冲突影响外部形象，比如由于利益分配机制有失公正，引发旅游地发生群体性事件；二是产品或者服务无法满足旅游者需求，被市场淘汰，被旅游者逐渐舍弃，比如旅游产品的雷同化和商业化，缺少地方民族文化的支撑；三是旅游地的发展触犯相关环保法律政策。进入到衰退阶段，由于旅游所带来的经济收入减少，社区居民会为有限利益而进行争夺，并积极寻求其他替代产业，政府期望旅游的衰退所带来的社会影响最小，积极维持社区的稳定，对文化、生态环境进行保护，探索转型路径，旅游企业期望能够通过开发新产品、寻找新的投资热点等来获得收益，旅游者则转向其他替代旅游地，见表3-9。

表3-9　旅游衰退阶段利益诉求内容及特征

利益主体	利益诉求内容	利益诉求特征
社区居民	争夺有限经济利益 寻求旅游可持续发展 寻求发展其他产业	以发展为主要诉求，期望旅游产业能够复苏或者转向其他产业
政府	维持社区和谐稳定 保护传统文化和社区利益 保护自然环境 寻求转型路径	以转型为主要诉求，维持本地区的稳定，通过转型发展实现旅游产业的复苏或者其他产业的兴盛
旅游企业	获得收益 积极开发新产品 寻找新的投资热点	以经济利益为主，通过新产品开发或者新的投资热点来获得收益
旅游者		转向其他的旅游目的地
专家学者	无直接利益诉求	从研究内容来看，主要是对旅游地转型方面的研究
媒体	无直接利益诉求	从行业特征来看，对少数民族村寨旅游发展的影响越来越大
NGO	无直接利益诉求	从行为特征来看，主要以公益性扶助为主，保护旅游地的文化及环境

3.3.3 利益诉求演化特征

少数民族村寨旅游利益诉求处于不断演化的过程中，以经济利益诉求为主，由一元（经济）向多元（经济、文化、政治、环境）方向发展，利益冲突随着利益诉求多元而凸显。

3.3.3.1 利益诉求由单一化到多样化

在旅游发展的早期阶段，旅游产业发展的趋势不明朗，利益群体较少，利益诉求单一且不明确。在旅游地进入起步阶段，旅游的经济效益彰显，政府、企业、居民以经济利益为主要诉求，利益诉求较为单一，旅游者的主要诉求是猎奇，体验不同的文化。民族村寨旅游进入发展或者成熟阶段后，各主体的利益诉求趋向多元，传统民族文化在旅游发展中的重要价值和作用得以彰显，尤其是社区居民政治权益诉求逐渐觉醒，期望能够了解本村寨旅游发展规划，甚至是参与到旅游发展规划的设计中。企业在追求经济利益的过程中，将文化保护、生态环境保护、社区居民参与等作为主要考虑要素，政府的利益诉求仍然以政绩的考核为主要参照依据，随着收入水平的提高和闲暇时间的增多，旅游者期望能够体验到原真性的民族文化、获得优质的旅游服务，对于价格的敏感度降低。旅游利益诉求由单一到多样，从以经济利益诉求为主到经济、文化、环境等多元化方向转变，各利益主体的利益诉求越来越多样，诉求内容越来越具体，各利益相关者在旅游发展的过程中越来越知道自己想要什么、应该得到什么。

3.3.3.2 社区居民利益诉求从"生存型"向"发展型"转化

作为民族村寨旅游核心的利益主体，社区居民的旅游利益诉求由"生存型"向"发展型"变化。社区居民在旅游地的发展中扮演着重要的角色，既是少数民族村寨旅游的参与者，也是旅游吸引物的重要组成部分，因此，社区居民的利益诉求及社区参与一直是研究的重点和热点。通过对社区居民利益诉求进行分析，可以发现，经济利益是其最主要的利益诉求；对于文化、环境、政治方面的诉求与旅游地发展的阶段及成熟度密切相关。社区居民的利益诉求可以分为三个层次：第一个层次是经济的诉求，即通过旅游的发展来获得更多的经济收入，以此来改善生活水平和质量，获得较好的生存条件；第二个层次是教育、文化等社会方面的诉求，通过旅游来保护和发扬民族文化；第三个层次是发展权利的诉求，要求能够参与到旅游发展的决策中，获得发言权。从这三个层次来看，社区居民的利益诉求由"生存型"向"发展型"变化，其利益诉求的底线是经济的诉求，即通过旅游的发展满足基本需求，随着社会经济的发展和利益的演化，其利益诉求更多地体现在对本民族传统文化的保护和旅游发展的参与方面。

3.3.3.3 政府的利益诉求基本围绕政绩需求发生变化

政府的利益诉求根据旅游的产业属性发生变化，从经济利益为主逐渐向综合性方向发展，更加注重社会效益。我国的传统民族村寨具有高度贫困和旅游资源高度丰富的叠加性，因此，在我国诸多的民族地区，旅游开发一开始就被赋予发展经济、帮助村寨居民脱贫致富的属性。政府期望通过对旅游资源的挖掘开发与打造旅游景区，提供旅游服务和商品，将民族文化转化为经济依托，通过发展旅游获得更多的外汇收入、更多的招商引资，来推动当地经济的发展。近些年来，伴随着我国经济水平的提高，经济发展方式由粗放型转向集约型，旅游产业的文化属性及社会属性进一步彰显，政府对少数民族村寨旅游的利益诉求也在发生变化，表现出由传统的经济利益诉求转向综合效益的诉求，政府致力于传承民族传统文化，塑造旅游地的形象，为游客提供更加优质的服务和产品，充分发挥旅游幸福产业的功能和作用。

3.3.3.4 企业诉求始终围绕经济利益诉求而展开

企业始终是少数民族村寨旅游发展的市场经营主体。作为企业，无论是民营性质还是国有性质，不管是本土资本还是外来资本，或是为开发少数民族村寨旅游而成立的旅游公司，其使命都是通过专业化的分工与现代化的组织模式，依靠市场化的运营方式来获得较多的利润。就企业的本质和使命而言，属于利益追逐者，当市场处于刚刚开发或者快速增长，利益分配等制度尚不健全的时期，企业的发展速度也较快，对于经济利益的追求较为直接，甚至会为了自身的利益而剥夺和窃取社区居民的利益，违背开发协议或者与居民的口头约定。当民族村寨旅游进入发展阶段，由于粗放开发所带来的经济红利消失，在起步阶段没有充分考虑的利益分配问题引发冲突，迫使企业重视社区居民的利益、民族传统文化、生态环境等，重视社区居民的参与、保护文化和自然环境成为企业获得永续发展及利润的重要举措。因此，不管在各个发展阶段，企业的诉求主要以经济利益即企业的利润为主，只是随着旅游地逐渐成熟，企业追逐利润的方式更加科学和合理。

3.3.3.5 经济利益诉求最容易引发冲突

少数民族村寨旅游发展中利益诉求冲突最容易发生在经济利益诉求方面。从社区居民、政府、企业三个核心利益主体的利益诉求内容来看，经济利益方面的诉求具有较高的重合度和依存度，尤其是围绕着土地、建筑、文化等资源的利益分配最容易引发经济利益冲突。从短期来看，经济利益属于张力较小的存量利益，民族村寨的旅游开发需要投入大量的资金进行基础设施建设、旅游产品开发，企业在短期内无法有效收回成本，实现盈利时，就无法兑现对社区居民和政府的发展承诺，而社区居民又期望能够获得更多的经济收益，双方就会产生矛盾。在市场规模有限，不能实现快速增长的前提下，社区居民和企业之间、企业和政府之间更容易由于利益分配不均衡而产生矛盾和冲突。从利益来源来看，经济利益的实现依赖于民族文化的开发及市场的发展；从利益分配来看，各个利益主体的和谐相处依赖于合理的利益分配。因此，由于经济利益诉求带来的矛盾需要从文化和制度的角度寻求答案。

3.3.3.6 利益诉求与利益冲突相伴而行

少数民族村寨中的旅游利益诉求与旅游利益冲突相伴而行。利益诉求和利益冲突是推动旅游地发展的两条重要线索，利益是一切冲突的根源，也是冲突产生的实质所在。在少数民族村寨旅游的萌芽阶段，核心利益主体只有居民和旅游者，由旅游发展而带来的利益较少，此阶段社会关系也较和谐，随着旅游的开发，由之而带来的利益增多，各利益主体为了维护或争夺利益，便会引发矛盾。如果在开发前没有妥善考虑社区居民的参与、构建良好的市场秩序、明确资源产权等问题，在旅游的发展过程中便会出现社会冲突，比如社区居民之间会互相争夺客源；社区居民为了获得更多的经济收入，强行拉客，恶性竞争，损害旅游者权益；游客和企业之间由于景区门票、旅游产品质量等引发矛盾；社区居民和企业之间由于利益分配不均而产生群体性事件……开发与保护之间的矛盾彰显，村寨淳朴和谐的氛围、传统的民族文化、美丽的自然环境被破坏。利益冲突的爆发引起各个利益主体重视并着手解决由利益诉求差异或重合而引发的矛盾，通过形成村规民约、建立利益分配机制等方式控制利益冲突，引导村寨旅游可持续发展。

3.4 本章小结

本章将少数民族村寨旅游视为一个不断发展的过程，结合理论分析和云南省发展的现实经验，将少数民族村寨旅游发展的基本过程确定为萌芽、开发、发展、巩固、衰退五个阶段，以此作为分析村寨旅游利益演化的时间坐标轴，对利益主体及利益诉求的演化进行分析，主要发现如下。

（1）少数民族村寨旅游的演进是不同利益主体在追求各自利益基础上而展开博弈的过程，不同主体的利益博弈决定了村寨旅游发展的走向，而村寨旅游的演进也影响着利益主体及其利益诉求。

（2）在不同发展阶段，各群体在权力和利益方面存在差异，导致利益主体不一致。在萌芽阶段，社区居民和旅游者属于核心利益主体；进入到开发阶段及以后，社区居民、旅游者、政府和企业共同成为核心利益主体，且具有稳定性。核心利益主体的演化路径有两种情况："社区居民＋旅游者→社区居民＋旅游者＋政府→社区居民＋旅游者＋政府＋企业"或者"社区居民＋旅游者→社区居民＋旅游者＋政府＋企业"。伴随着利益主体的演化，旅游发展规模壮大，村寨旅游从"内源式"的自发发展走向内源、外源式共同推进的"自发＋他推"发展模式。

（3）在不同发展阶段，旅游产业的规模不同，带来的利益也不同，各个主体的利益诉求存在差异。呈现出如下特点：各主体的利益诉求始终以发展为核心，从单纯地追求经济利益到追求经济、文化、环境、政治等综合利益转变；社区居民的利益诉求具有层次性，从生存型向发展型转变；政府的利益诉求围绕政绩要求发生变化，从发展产业转向为人民群众幸福生活服务；企业的利益诉求始终以经济为主，对利益关系的维护越来越重视；旅游者的主要诉求是体验民族文化，从猎奇性的观光需求转到重视产品及旅游服务；学者等社会公众没有直接的利益诉求，但是其对村寨旅游发展的影响逐渐增强。

（4）利益主体的增多以及利益诉求的变化打破了原有的利益均衡，为利益冲突的产生创造了条件。利益冲突是各利益主体为实现自身利益诉求而进行的博弈，既影响了村寨旅游的稳定发展，又带来了发展的动力；而从各主体的利益诉求来看，共同的着眼点在于村寨旅游的可持续发展，这个导向成为构建利益协调机制的出发点。

第4章 少数民族村寨旅游利益冲突及其演化博弈

长期以来，我国民族地区凭借着独具特色的民族文化和古朴优美的自然风光，吸引了大量的旅游者，旅游产业成为民族地区脱离贫困的重要途径。作为民族地区发展旅游产业的重要资源载体，少数民族村寨也是游客的主要活动空间，随着乡村旅游的推进，村寨的民族风俗、建筑格局、生产方式、美食服饰等成为旅游活动得以开展的文化资源吸引物。同时，一个不可避免的矛盾就是在少数民族村寨旅游发展过程中，有着诸多的利益主体，各主体围绕自身的利益诉求相互博弈，由之带来利益冲突。

利益主体及利益诉求的演化打破了原有的利益均衡，利益冲突随之产生并发生变化。本章结合上文对利益主体及利益诉求演化的分析，依据"矛盾分析方法"中的重点论，分别考察萌芽、开发、发展、巩固、衰退五个阶段发展过程中的主要利益冲突及利益主体之间的博弈，运用动态博弈模型分析各主体的利益博弈策略演化，为村寨旅游利益调控机制的构建提供支撑。

4.1 少数民族村寨旅游利益冲突

旅游地的发展是一个复杂的系统，涉及多方利益主体，关系错综复杂，由于资源的有限性以及相关制度的不合理，很难满足所有主体的利益诉求。不同主体的利益诉求存在显著差异，并且很多利益诉求处于对立的状态，当各主体之间利益关系失衡，便会出现矛盾和冲突。本研究将政府、居民、企业、旅游者这些不同的利益主体看作无差异的抽象群体，分析不同群体之间的利益冲突，而群体内部的冲突则不在本研究的考虑范畴。

4.1.1 利益冲突类型

Lawrence（1997）、Wickins（1997）、Phillips（1997）列举了开展生态旅游各利益相关者以及他们之间相互冲突的利益要求。赵春雨等人以内蒙古的草原旅游为例，对游客、牧民及经营户、旅游企业（包括开发商、旅行社、酒店等）、政府四类利益诉求进行分析，指出牧民及经营户与旅游企业之间的冲突在于利益分配不均衡，游客与旅游企业和牧民及经营户都存在冲突，主要在产品的价格、文化内涵等，政府与旅游企业在社会和环境影响方面也存在冲突。李乐京指出在少数民族村寨旅游发展中，村寨居民与政府、村寨居民之间、普通居民与社区精英、村寨居民与旅游企业、村寨居民与游客、游客与旅游企业、旅游企业与政府两两之间会由于利益诉求不同而引发冲突。

通过文献分析及现象归纳，少数民族村寨的旅游利益冲突主要集中在政府、社区居民、旅游企业、旅游者之间。

（1）民族村寨社区居民与旅游企业之间的冲突。社区居民由于自身经营能力和资金有限，其"小、散、弱"的经营方式无法促进当地旅游的快速发展，政府为了提高政绩、社区居民为了增加收入，引入旅游企业协助开发，在早期开发的过程中未充分考虑社区居民的合法利益以及资源权属不明确，伴随着旅游的发展，当旅游企业的承诺无法兑现或者社区居民没能够获得其期望的利益时，就会引起旅游企业和社区居民之间的不融洽。旅游企业通过市场化的运作和规模化的经营，占用了村寨居民的文化进行产品开发，为旅游地带来了大量的游客，增加了旅游收入，同时也带来交通拥挤、环境污染、民族文化泛化等问题，相较于旅游企业通过景区门票以及部分经营性活动获得的收益，社区居民靠自身经营获得的收益少之又少，利益分配的不均衡使得村寨社区居民感到不满意。另外，部分居民期望能够在旅游企业中获得就业机会，但受限于自身文化和管理能力有限，难以胜任相关工作，也会引起冲突。此外，如果旅游企业在经营过程中一味地追求利润，忽视村寨社区居民的生活方式和价值观念，也会导致彼此之间在文化上的冲突。因此，村寨社区居民与旅游企业之间的冲突主要是指双方在旅游发展过程中由于资源权属未明确、前期承诺未兑现、利益分配不均衡、文化存在差异等原因产生企业抢占大量的旅游利益，而居民只获得小部分利益的现象，其冲突的主要表现为社区居民围堵企业或者游客、推选精英与企业谈判、借助法律手段进行诉讼、通过政府向企业施压等。

（2）民族村寨社区居民与政府之间的冲突。招商引资金额、企业数量、地方财政收入等指标考量着政府的执政业绩，为了追求经济的快速增长，政府往往与外来企业结成利益联盟，在开发初期，往往会通过牺牲社区居民利益的方式将大量的利益让渡给外来企业，农耕地被占用、生存空间被挤压、亲友出入社区需要购票等现实生存问题令其产生抵触情绪。随着社区居民自我利益的觉醒，当其土地资源被占用，文化资源被占用，又不能够从旅游发展中获得相应的利益，便会引发居民和政府之间的冲突。因此，民族村寨社区居民与政府之间的冲突主要是指当政府为了自身利益而忽视社区居民利益而产生的社区居民合法权益无法保障的现象，其冲突的主要表现为居民围堵游客、居民围堵政府办公机构、推选精英与政府谈判、上访等。

（3）社区居民与旅游者之间的冲突。旅游社区的公共资源有限，大量涌入的游客挤占了原本有限的公共资源，破坏了村寨的生态环境，给社区居民的生产生活带来不便。旅游者期望能够体验到原真性的民族文化，随着旅游的开发和社会的发展，强势的现代文化涌入，社区居民在追逐经济利益过程中，缺乏对民族传统文化的保护和传承，淳朴的民风和传统的民俗逐渐消失，民族村寨的文化氛围趋于现代化；受商业化的影响，部分居民出现宰客、欺客的行为，引起了游客的不满；而部分游客由于素质较低，在旅游过程中会存在乱丢垃圾、不尊重旅游地民族文化等不文明行为，影响旅游社区的环境。因此，村寨社区居民与游客之间的冲突主要指双方在旅游发展中由于商业化过浓、文化存在差异等引起的主客矛盾，其冲突的主要表现为居民与游客发生语言或肢体冲撞、游客向旅游主管部门投诉等。

（4）旅游企业与政府之间的冲突。政府在引入旅游企业来进行开发时，往往会承诺减免税收、便宜的土地价格、对基础设施进行完善等，然而，由于政府资金的缺乏或者旅游发展的不顺利等原因，许多承诺往往难以兑现；企业在村寨旅游开发中也会向政府承诺投入大量资金进行开发、提高居民收入、增加社会就业、保护传统文化等，然而，在实际开发过程中，企业以牺牲社区民居利益和破坏民族文化作为代价实现快速收益。因此，旅游企业与政府之间的冲突主要是指关于发展的承诺未兑现而引发的双方利益博弈，在企业和政府的冲突中往往会损害到社区居民的利益，其冲突的主要表现为谈判协商、消极开发等，极少出现暴力冲突的行为。

（5）旅游企业与游客之间的冲突。对于旅游企业而言，提供让游客满意的旅游体验是其主要目标。然而，在开发产品的过程中极大可能会出现同质化及商业化过浓的问题，对旅游产品进行过度的包装和宣传，当提供的产品与旅游者期许的不一致时，就会出现旅游者不满意；同时，处于快速发展阶段的旅游企业，由于游客量的快速增长，会出现服务接待和产品供应跟不上等问题，降低了游客的体验感。因此，旅游企业与游客之间的冲突主要指旅游企业提供的产品及服务无法满足游客或者与游客期待不一致，影响了游客的体验，其冲突的主要表现为游客投诉、向亲朋好友抱怨或者不再选择该村寨。

综上，村寨旅游发展过程中，涉及的利益冲突主要有社区居民与旅游企业、社区居民与政府、社区居民与游客、旅游企业与政府、旅游企业与游客五种类型（图4-1）。社区居民和旅游企业成为少数民族村寨旅游冲突的核心主体，产生冲突的原因主要有利益分配不均、资源权属不清晰、文化之间存在差异等，同时，由于各主体在利益博弈过程中存在博弈力量不均衡的问题，冲突的表现形式与影响也各不相同。

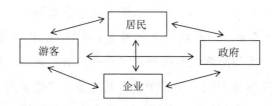

图4-1　民族村寨旅游利益冲突类型

4.1.2 利益冲突特征

长期以来，中国将旅游作为一项经济事业或经济产业发展，尤其是在旅游资源富集和贫困高发叠加的民族地区，旅游更是被赋予了推动地方经济发展、带动百姓脱贫致富的功能。在少数民族村寨旅游发展中，民族文化、土地、村寨景观等资源成为发展的重要资源和争夺的对象，然而，这些资源都是有限的，在各项产权不明晰，又缺乏完善的分配制度的情况下，就会产生关于权力和利益的争斗。从民族村寨各主体旅游利益诉求的发展来看，社区居民期望通过旅游的发展增收致富，而企业也期望获得更多的经济利益，经济方面就成为摩擦最大、最容易也是最直接发生冲突的领域。科塞指出，冲突是关于稀有地位、权力以及资源的斗争，处于敌对状态的双方为了争取自己的权力和利益去压制对手的权力和利益，其结果可能是伤害甚至消灭对手，影响社会的和谐与稳定。

从少数民族村寨旅游发展的过程来看，最重要的资源是少数民族文化，最主要的利益是经济利益。因此，民族村寨的旅游利益冲突呈现以下特征：①冲突类型多样，以经济利益冲突为主要表现；②冲突根源复杂，以制度缺失为主要原因；③冲突具有演化性，伴随着旅游发展规模发生变化。

少数民族村寨发展旅游的主要目的在于通过旅游活动的开展推动民族经济的发展，提高社区居民的生活水平。而就旅游业来看，经济属性是其根本属性，少数民族村寨发展旅游业的目的以及旅游业的经济属性决定了经济利益在少数民族村寨旅游发展中的重要地位。从实践来看，大部分民族村寨在旅游发展过程中都因为分红、土地价格、市场秩序等经济利益发生过社区居民、企业、政府以及旅游者之间的冲突，比如：云南省香格里拉小中甸镇吉沙村的社区居民聘请法律顾问为他们在千湖山的旅游开发中争取合法权益，四川甲居藏寨社区居民由于门票问题不断和当地政府发生矛盾冲突，贵州省梭嘎生态博物馆在开发过程中因开发商排斥原有的农户接待，引发二者的冲突……此外，各利益相关者在文化、环境等方面利益诉求存在差异，也会引起矛盾，比如西江苗寨社区居民在利益驱使下，大规模、超标准地违规建房，破坏了村寨聚落景观的整体性与协调性，引发旅游管理冲突。

这些冲突之所以会发生，较多的是因为少数民族村寨旅游的特殊性。首先，民族村寨有着丰富的民族文化，是吸引旅游者的重要资源。从理论上说，民族村寨的民族文化资源的所有权归属于村寨居民，其收益也应归村寨居民。然而，在实际的发展中，民族文化资源的开发权被企业及政府控制。而就我国现行法律来看，对于民族文化的重要组成部分——民风民俗等的产权主体尚未明确。因此，产权的不明确会引发由于利益分配而造成的矛盾冲突。其次，社区居民身份的特殊性。社区居民既是民族文化资源的创造者和拥有者，其本身也是文化资源的一部分，但是，由于其社区居民的教育水平较低，难以参与到现有的旅游管理机制中，造成旅游地的开发忽视社区居民的权益，从而发生矛盾冲突。

从少数民族村寨旅游利益冲突的属性来看，是属于在社会主义市场经济下由于发展而产生的矛盾，是不涉及核心价值观的冲突，因此，不会导致冲突主体之间关系的破裂，但是，会影响到民族村寨社会经济的和谐与稳定。就民族村寨旅游发展来看，由于利益主体及利益诉求的变化，不同阶段的利益冲突也不一样。

当冲突发生时，不同利益主体在利益关系的位置、博弈力量的强弱等不同，导致其行为和策略也不一样。

在萌芽阶段，少数民族村寨旅游的利益相关者只有社区居民和游客，矛盾也主要产生于二者之间。引发双方冲突的主要原因在于受到市场经济的影响，社区居民无序拉客、宰客等行为破坏了市场秩序，再加上服务质量差、缺少旅游产品等，引起旅游者的抱怨。比如在傣族园旅游的早期阶段，村寨景点缺乏统一管理，社区居民强行拉客，市场秩序混乱，导致游客减少。

在开发阶段，政府及企业的介入，使得利益关系更为复杂，该阶段属于投资开发的过程，主要矛盾是社区居民、企业二者之间围绕旅游资源开发相关事项的讨价还价。社区居民期望更多的利益补偿和发展机会，企业期望以更小的开发成本换取更多的利益收益，而政府则期望更好地促成开发，实现旅游产业的快速发展。在大部分的少数民族村寨，政府是招商引资的主导者，其充当了社区居民和企业的桥梁和中介，在社区居民与企业的讨价还价过程中，政府持中立场，杜绝资本的权利寻租对于保障社区居民的权益十分重要。该阶段的冲突有可能会导致社会资本的介入失败，村寨依赖"内源式"的发展无法实现旅游产业规模的增长。比如在香格里拉吉沙村，当地政府与企业在签订开发协议过程中无视社区居民的利益，社区居民与企业之间的冲突爆发，导致开发项目失败，旅游资源得不到开发，旅游发展规模无法壮大。

发展阶段也是冲突最容易爆发的阶段，旅游规模的快速增长带来了大量的收入，企业的自利性及相关制度的不完善，导致利益分配不均衡，社区居民通过上访、堵门、带游客逃票等方式对抗企业，而政府则从主导变为引导，以中间人的身份协调各方利益。在发展阶段，村寨的旅游规模快速增长，大量游客的到来给社区居民的生活带来了变化和干扰，社区居民如果不能够从旅游发展中得到切实的利益，企业无法与社区居民形成利益共同体，就会导致冲突爆发。许多村寨在发展中都遭遇过社区居民围堵大门、代企业收取门票等行为，最为典型的案例是傣族园全体居民联合将企业告上法庭，最终获得了属于自己的门票分红。

巩固阶段的主要矛盾存在于社区居民对便利生活的追求和民族文化的保护之间，即旅游发展与民族文化保护之间的冲突。利益分配制度完善，社区居民的收入提高，开始追求现代化的便利生活，对房屋进行改造，与传统风貌背离。旅游产业的发展，为村寨带来了外来文化，同时，也增加了社区居民的收入，传统农业生产结构的变化促使社区居民的生产生活方式发生改变，社区居民所接受的外来文化和所积累的资本促使其对于本民族文化进行改造。最为典型和直观的便是对传统建筑的改造，比如双廊，居民为了经营民宿而破坏传统白族民族的风貌，傣族园的居民为了增加经营的空间，将传统的傣楼加盖至三层。对于民族文化的改造既有好的方面，也有不好的方面，需要政府加以引导，促使民族文化的改造朝向良好的方向发展。

衰退阶段的主要矛盾是现有旅游产品与市场发展不匹配，旅游者选择其他的目的地。产业的发展周期与市场需求息息相关，在少数民族村寨旅游衰退的诸多原因中，最重要的就是旅游产品无法满足市场需求的变化导致旅游者人数减少，市场规模下降。对于村寨旅游的发展，衰退是暂时性的，可以通过新产品或者服务的创新来重新满足市场需求，迎来新的发展周期。比如傣族园，在调研过程中，居民和企业方反映游客的数量较以往减少很多，其中主要的原因在于旅游产品同质化严重，服务设施老化，未能及时满足旅游者需求的变化。

4.2 少数民族村寨旅游利益冲突的演化博弈

本部分将五个阶段的主要冲突抽象出具体问题，对问题进行描述，分析在该问题下冲突主体的策略选择，构建博弈矩阵，利用动态复制方程推演利益均衡点，判断对少数民族村寨旅游发展最有利的条件。

萌芽阶段的主要冲突是在旅游市场探索阶段，由于市场秩序不规范而引发的，博弈行为发生在社区居民与旅游者之间；开发阶段的主要冲突是围绕旅游资源开发相关问题而进行的讨价还价，博弈行为发生在政府、社区居民、企业三者之间，最核心的是企业与社区居民之间的博弈；发展阶段的主要冲突是围绕旅游利益分配问题而展开，博弈行为发生在企业和社区居民之间，彼此双方都想要获得利益最大化；巩固阶段的主要冲突是围绕民族文化保护问题而展开，博弈行为发生在政府、社区居民、企业三者之间，最核心的是政府政策引导与社区居民的行为；衰退阶段的主要冲突围绕市场规模的缩小而展开，博弈行为发生在企业和旅游者之间，企业期望吸引更多的游客，而游客则期望体验到多样的旅游产品及服务。

4.2.1 萌芽阶段核心利益冲突的演化博弈

4.2.1.1 萌芽阶段的问题描述及假设

（1）萌芽阶段的问题描述。在少数民族村寨旅游萌芽阶段，属于少数民族村寨旅游自发的发展过程，小部分社区居民经济意识萌芽，以提供餐饮、住宿等接待服务或者本地特产来满足旅游者的基本需求，由于旅游活动而产生的利益交换集中于旅游者和社区居民之间。由于旅游活动规模较小，政府尚未介入，主要利益冲突产生于旅游者和社区居民之间。在市场经济条件下，社区居民受市场经济的驯化，为了获得经济利益，加入旅游经营活动中。为了便于分析，本研究将社区居民的行为策略界定为 { 诚信，不诚信 }，诚信代表良好的经营行为，包括诚实守信、热情好客、服务周到等；不诚信代表不良的经营行为，包括强行拉客、诋毁竞争对手、缺斤少两、虚构民族文化等。旅游者的行为策略界定为 { 投诉，不投诉 }，投诉代表旅游者对社区居民的不良经营行为不满意，采取向亲朋好友抱怨、不再选择该村寨或者直接向有关管理部门投诉的行为；不投诉则代表旅游者对社区居民的良好经营行为表示满意，没有抱怨及投诉行为。比如傣族园、仙人洞村等在早期经营过程中均出现强行拉客、质价不符等不良经营行为，引起游客量减少，后经政府介入，对市场秩序进行规范，情况得以好转。

（2）萌芽阶段的假设。面对由旅游产生的交换活动，为了实现群体的利益最大化，社区居民的经营策略有两种：诚信和不诚信，旅游者的策略也有两种：投诉和不投诉具体假设如下。

条件假设分为基本假设和参数假设。

基本假设，根据演化博弈理论的相关假设对条件进行限定。

①有限理性人，即博弈双方（旅游者和社区居民）都是有限理性的，追求自身利益的最大化；

②博弈双方具有异质性，在认知程度或者群体感知度上存在差异；

③不完全信息博弈，即博弈双方的信息不是共同知识；

④社区居民诚信经营的概率为 x，不诚信经营的概率为 $1-x$；

⑤游客投诉的概率为 y，不投诉的概率为 $1-y$。

参数假设，根据理论分析设定影响社区居民及旅游者的行为参数。

① $D1$ 为经营者诚信经营的收益；

② $D2$ 为经营者不诚信经营的收益；

③ $C1$ 为旅游者投诉成本；

④ $C2$ 为社区居民诚信经营时旅游者所获得的收益；

⑤ $C3$ 为旅游者投诉情况下社区居民不诚信经营为社区居民带来的经济

损失；

⑥ $C4$ 为在社区居民不诚信情况下旅游者投诉得到的回报。

为进一步说明问题，引入惩罚机制，当旅游者进行投诉时，社区居民的不诚信经营会获得损失，记为 $R0$。

4.2.1.2 萌芽阶段的模型构建

根据以上条件分析与假设，得到旅游者与社区居民的博弈矩阵（表4-1）和博弈树模型（图4-2）。

表 4-1　萌芽阶段博弈矩阵

		旅游者	
		投诉 x	不投诉（$1-x$）
社区居民	诚信（y）	$D1$，$C2-C1$	$D1$，$C2$
	不诚信（$1-y$）	$D2-C3-R0$，$C4-C1$	$D2$，0

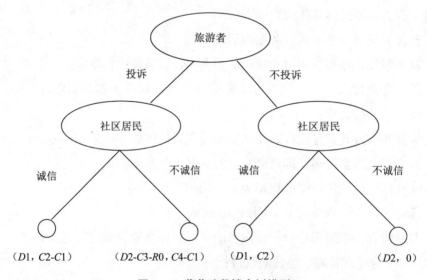

图 4-2　萌芽阶段博弈树模型

4.2.1.3 萌芽阶段的复制动态方程及平衡点

旅游者投诉与不投诉社区居民的期望收益 $U_1(x), U_2(x)$ 及旅游者的平均期望收益$\overline{U(x)}$分别为：

$$U_1(x) = y \cdot (C2 - C1) + (1-y)(C4 - C1)$$
$$U_2(x) = y \cdot C2 \quad\quad\quad (1)$$
$$\overline{U(x)} = x \cdot U_1(x) + (1-x) \cdot U_2(x)$$

社区居民诚信与不诚信的期望收益$U_1(y), U_2(y)$及社区居民的平均期望收益$\overline{U(y)}$分别为：

$$U_1(y) = x \cdot D1 + (1-x) \cdot D1$$
$$U_2(y) = x \cdot (D2 - C3 - R0) + (1-x) \cdot D2 \quad\quad (2)$$
$$\overline{U(y)} = y \cdot U_1(y) + (1-y) \cdot U_2(y)$$

由方程组（1）、（2）可分别得出旅游者投诉、不投诉；社区居民诚信、不诚信时的复制动态方程为：

$$F(x) = \frac{dx}{dt} = x[U_1(x) - \overline{U(x)}] = x(1-x)[(1-y)C4 - C1] \quad\quad (3)$$

$$F(y) = \frac{dy}{dt} = y[U_1(y) - \overline{U(y)}] = y(1-y)[D1 - D2 + x(C3 + R0)] \quad\quad (4)$$

当博弈主体进行稳定策略时有：

$$\begin{cases} F(x) = \dfrac{dx}{dt} = 0 \\ F(y) = \dfrac{dy}{dt} = 0 \end{cases} \quad\quad (5)$$

求解微分方程可得 5 个演化博弈矩阵的局部平衡点：

$$E_1(0,0), E_2(1,0), E_3(0,1), E_4(1,1), E_5(x^* = \frac{D2 - D1}{C3 + R0}, y^* = \frac{C4 - C1}{C4})$$

根据 Friedman 提出的方法，微分方程系统描述的是群体动态，其稳定均衡点是由复制动态方程的 Jacobi 行列式为正数，且其迹为负数得到的，即当$Det(J) > 0$，$Tr(J) < 0$时，此平衡点是演化稳定策略（ESS）。

$$Det(J) = \begin{vmatrix} \dfrac{\partial F(x)}{\partial x} & \dfrac{\partial F(x)}{\partial y} \\ \dfrac{\partial F(y)}{\partial x} & \dfrac{\partial F(y)}{\partial y} \end{vmatrix} = \dfrac{\partial F(x)}{\partial x} \cdot \dfrac{\partial F(y)}{\partial y} - \dfrac{\partial F(x)}{\partial y} \cdot \dfrac{\partial F(y)}{\partial x}$$

$$= (1-2x)[(1-y)C4-C1] \cdot (1-2y)[D1-D2+x(C3+R0)] - x(x-1)C4 \cdot y(1-y)[C3+R0]$$

$$Tr(J) = \dfrac{\partial F(x)}{\partial x} + \dfrac{\partial F(y)}{\partial y} = (1-2x)[(1-y)C4-C1] + (1-2y)[D1-D2+x(C3+R0)]$$

根据计算，得出均衡点及对应的 $Det(J)$ 和 $Tr(J)$ 结果。在市场信息不对称、缺乏政府监管条件下，由于旅游消费本身所具有的距离远及消费频率低的特征，从短期来看，社区居民采取不诚信经营的策略所获得的收益要大于诚信经营策略所获得的收益，因此，在短期内，$D1 < D2$，恒有 $D1-D2 < 0$。通过 Jacobi 矩阵的计算，在理论上，民族村寨萌芽阶段的利益博弈存在 4 个均衡点，具体分析如表 4-2 所示。

表 4-2　萌芽阶段博弈系统雅可比矩阵 $Det(J)$、$Tr(J)$ 结果

均衡点	$Det(J)$	$Tr(J)$
$E_1(0,0)$	$(C4-C1)(D1-D2)$	$(C4-C1)+(D1-D2)$
$E_2(1,0)$	$(C1-C4)(D1-D2+C3+R0)$	$-C1-(D1-D2)$
$E_3(0,1)$	$C1(D1-D2)$	$(C1-C4)+(D1-D2+C3+R0)$
$E_4(1,1)$	$-C1[D1-D2+C3+R0]$	$C1-(D1-D2+C3+R0)$
$E_5(x^*,y^*)$	$(1-2x^*)[(1-y^*)C4-C1] \cdot (1-2y^*) \cdot [D1-D2+x^*(C3+R0)] - x^*(x^*-1)C4 \cdot y^*(1-y^*)[C3+R0]$	0

① $E_1(0,0)$，旅游者选择不投诉，社区居民选择不诚信，即 ESS 为：

$$\begin{cases} Det(J) = (C4-C1)+(D1-D2) > 0 \\ Tr(J) = (C4-C1)+(D1-D2) < 0 \end{cases}$$

当该点处于稳定时，也就是说当旅游者的投诉成本大于其投诉所挽回的损失时，旅游者会选择不投诉策略，社区居民采取不诚信经营。在这种情况下，系统会采取旅游者不投诉且社区不诚信经营的进化稳定策略。虽然彼此

存在矛盾，但是，不会引发冲突，彼此会维持稳定的关系。

②$E_2(1,0)$，旅游者选择投诉，社区居民选择不诚信，即 ESS 为：

$$
\begin{cases}
Det(J) = (C4-C1) + (D1-D2+C3+R0) > 0 \\
Tr(J) = (C4-C1) + (D1-D2+C3+R0) < 0
\end{cases}
$$

当满足 $\begin{cases} C1-C4 < 0 \\ D1-D2+C3+R0 < 0 \end{cases}$ 条件，旅游者进行投诉的成本小于其所获得的收益，旅游者会选择进行投诉，但是，社区居民因不诚信经营得到的损失小于其因诚信经营而带来的收益损失时，博弈模型稳定。在这种情况下，系统采取旅游者投诉且社区居民不诚信经营的进化稳定策略。

③$E_3(0,1)$，旅游者选择不投诉，社区居民选择诚信经营，即 ESS 为：

$$
\begin{cases}
Det(J) = C1(D1-D2) > 0 \\
Tr(J) = -C1 - (D1-D2) < 0
\end{cases}
$$

在条件假设中 $C1 > 0, D1-D2 < 0$，因此，恒有 $Det(J) = C1(D1-D2) < 0$，与 $Det(J) = C1(D1-D2) > 0$ 相矛盾。因此，在少数民族村寨旅游发展萌芽阶段的情况下，当旅游者不投诉时，社区居民诚信经营无法实现。在这种情况下，旅游者不投诉且社区居民诚信经营的进化稳定策略无法实现。

④$E_4(1,1)$，旅游者选择投诉，社区居民选择诚信经营，即 ESS 为：

$$
\begin{cases}
Det(J) = -C1 \left[D1-D2+C3+R0 \right] > 0 \\
Tr(J) = C1 - (D1-D2+C3+R0) < 0
\end{cases}
$$

由于 $C1 > 0$，且恒有 $-C1 < 0$。只有当（$D1-D2+C3+R0$）< 0 时，$Det(J) = C1 \left[D1-D2+C3+R0 \right] > 0$ 成立。但当（$D1-D2+C3+R0$）< 0 时，恒有 $C1-(D1-D2+C3+R0) > 0$，与 $Tr(J) = C1 - (D1-D2+C3+R0) < 0$ 相矛盾。因此，在少数民族村寨旅游发展萌芽阶段，当旅游者选择投诉时，社区居民诚信经营也无法实现。在这种情况下，旅游者投诉且社区居民诚信经营的进化稳定策略无法实现。

通过对民族村寨萌芽阶段的矛盾主体社区居民与旅游者之间的利益博弈进行分析，可以发现，在信息不对称和缺少惩罚机制的情况下，尤其是对于能够吸引远程游客的村寨，社区居民和旅游者之间的交易属于单次交易，容易出现一锤子买卖现象，而社区居民会受到市场经济的影响，从单次交易或者短期来看，其不诚信经营的收益要高于诚信经营的收益，由于不诚信经营而带来的损失也小于诚信经营的经济损失，不管旅游者是否进行投诉，社区居民都会选择不诚信经营。但是，从少数民族村寨旅游的长远发展来看，社区居民的诚信经营能够带来良好的形象和可持续性的发展。从少数民族村寨旅游的整体和长远利益来看，社区居民的诚信经营是最优策略。因此，必须建立相应的惩罚机制，提高社区居民不良经营所带来的损失。在萌芽阶段，对社区居民的经营行为进行监管，完善市场运行制度，引入政府行政以及法律的监管手段，通过增强对社区居民进行旅游经营方面的培训、对不诚信经营的农户采取一定期限内不允许其经营或者进行罚款等措施来有效解决该问题。

4.2.1.4 萌芽阶段的数值实验与仿真

为了进一步分析少数民族村寨旅游利益主体间的博弈行为，本研究根据上文对少数民族村寨旅游利益主体演化博弈的分析，以 MATLAB R2017A 为实验环境，对博弈过程进行了仿真实验。

为了验证社区居民和旅游者间的博弈行为，本研究运用 MATLAB 软件进行数值仿真来对上述设想进行验证。为使仿真更具现实意义，本研究在实际调研与博弈分析的基础上对参数进行赋值：$D1=2$，$D2=1$，$C1=0.5$，$C2=3$，$C3=1$，$C4=2$，$R0=2$。本研究假设社区居民的演化初始策略分别假设为$x=0.2$，$x=0.4$，$x=0.6$。仿真结果如图 4-3 所示。

从图 4-3 可发现，在民族村寨发展的萌芽阶段，无论社区居民的演化初始策略比例为多少，其最终都将向不诚信经营演化。因此，在此时应该加入更多的监督措施，使社区居民不诚信经营的成本加大，让系统达到社区居民诚信经营，旅游者投诉的理想状态（1,1）。

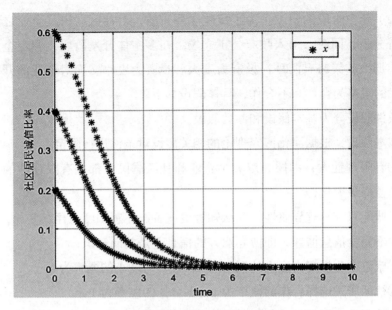

图 4-3　萌芽阶段数值演化过程图

4.2.2 开发阶段核心利益冲突的演化博弈

4.2.2.1 开发阶段的问题描述及假设

（1）开发阶段的问题描述。政府介入少数民族村寨旅游资源的开发，整合各类资金为少数民族村寨提供相应的旅游接待设施；在政府引导发展的过程中，引入社会资本成为推动少数民族村寨旅游发展的重要力量，即引入企业对民族村寨进行开发和管理。少数民族村寨旅游的起步阶段也可视为对少数民族村寨旅游资源进行规模化开发的阶段，在该阶段，最重要的矛盾在于"政府—社区居民—企业"三者关于开发问题的讨价还价。企业的投资力度影响少数民族村寨旅游发展规模，也会影响社区居民的收益，当企业投资力度大时，表明该企业有实力，退出成本较高，会更加注重村寨旅游的长远发展。同时，社区居民是否配合也影响着企业是否能够顺利开发。企业与社区居民之间既有合作的机会，又面临着冲突的可能。与此同时，政府是否公正对于社区居民及企业的收益都产生着影响。

（2）开发阶段的假设。为了反映主要矛盾，对社区居民及企业之间的策略进行分析，同时，引入政府公正立场。在多主体开发阶段，假定企业选择投资，那么其策略有两种：投资力度大和投资力度小，面对企业的开发，社区居民的策略为合作和不合作，具体假设如下。

条件假设分为基本假设和参数假设。

基本假设，根据演化博弈理论的相关假设对条件进行限定。

①有限理性人，即博弈双方（企业和社区居民）都是有限理性的，追求自身利益的最大化；

②博弈双方具有异质性，在认知程度或者群体感知度上存在差异；

③不完全信息博弈，即博弈双方的信息不是共同知识；

④旅游企业投资力度大的概率为 x，投资力度小的概率为 $1-x$。

⑤社区居民选择合作的概率为 y，不合作的概率为 $1-y$.

参数假设，根据理论分析设定影响企业及社区居民的行为参数。

① $D1$、$D2$ 分别是旅游企业实施投资额度高和投资额度低策略时的直接经济效益，根据投入产出比公式，当其他条件不变时恒有 $D1 > D2$；

② A 为社区居民合作时旅游企业所获额外收益；

③ L 为企业投资额度高时社区所获收益；

④ S 为企业投资额度低时社区所获收益；

⑤ K 为社区居民参与合作的成本；

⑥ $F1$ 为旅游企业投资少，社区参与时，由于旅游企业规模不经济而需额外给社区居民付出的资金。

为充分说明"政府—企业—社区居民"之间讨价还价问题，引入政府立场。当政府持不公正立场时，社区居民选择合作，企业多投资会由于寻租行为而获得较多的额外收益 $R0$；社区居民选择不合作，则会产生损失 $P1$。

4.2.2.2 开发阶段的模型构建

根据以上条件分析与假设，得到旅游企业与社区居民的博弈矩阵（表4-3）。

表 4-3 开发阶段博弈矩阵

		旅游企业	
		投资力度大（x）	投资力度小（$1-x$）
社区居民	合作（y）	$L-A-K$, $D1+A+R0$	$S+F1-A-K$, $D2+A-F1-R0$
	不合作（$1-y$）	$L-P1$, $D1$	$S-P1$, $D2$

根据博弈矩阵，构建博弈双方的策略树（图 4-4）。

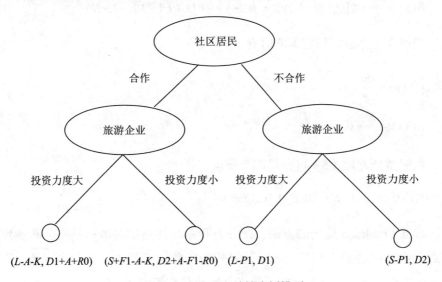

图 4-4 开发阶段的博弈树模型

4.2.2.3 开发阶段的复制动态方程及平衡点

旅游企业投资力度大及投资力度小时的期望收益 $U_1(x), U_2(x)$ 及平均期望收益 $\overline{U(x)}$ 分别为：

$$U_1(x) = y(L - A - K) + (1 - y)(S + F1 - A - K)$$
$$U_2(x) = y(L - P1) + (1 - y)(S - P1) \tag{1}$$
$$\overline{U(x)} = xU_1(x) + (1 - x)U_2(x)$$

社区居民采取合作、不合作策略时的期望收益 $U_1(y), U_2(y)$ 及平均期望收益 $\overline{U(y)}$ 分别为：

$$U_1(y) = x(D1 + A + R0) + (1-x)(D2 + A - F1 - R0)$$
$$U_2(y) = xD1 + (1-x)D2 \tag{2}$$
$$\overline{U(y)} = yU_1(y) + (1-y)U_2(y)$$

由以上两组等式可分别得出复制动态方程：

$$F(x) = \frac{dx}{dt} = x[U_1(x) - \overline{U(x)}] = x(1-x)[y(2R0 + F1) + D1 - D2] \tag{3}$$

$$F(y) = \frac{dy}{dt} = y[U_1(y) - \overline{U(y)}] = y(1-y)(-F1x + F1 + P1 - A - K) \tag{4}$$

当博弈主体进行稳定策略时有：

$$\begin{cases} F(x) = \dfrac{dx}{dt} = 0 \\[2mm] F(y) = \dfrac{dy}{dt} = 0 \end{cases} \tag{5}$$

求解微分方程（5）可得局部平衡点：

$$E_1(0,0), E_2(0,1), E_3(1,0), E_4(1,1), E_5(x^* = \frac{F1 + P1 - A - K}{F1}, y^* = \frac{D2 - D1}{2R0 + F1})$$

根据 Friedman 提出的方法，微分方程系统描述的是群体动态，其稳定均衡点是由复制动态方程的 Jacobi 行列式为正数，且其迹为负数得到的，即当 $Det(J) > 0$，$Tr(J) < 0$ 时，此平衡点是演化稳定策略（ESS）。

$$Det(J) = \begin{vmatrix} \dfrac{\partial F(x)}{\partial x} & \dfrac{\partial F(x)}{\partial y} \\[2mm] \dfrac{\partial F(y)}{\partial x} & \dfrac{\partial F(y)}{\partial y} \end{vmatrix} = \frac{\partial F(x)}{\partial x} \cdot \frac{\partial F(y)}{\partial y} - \frac{\partial F(x)}{\partial y} \cdot \frac{\partial F(y)}{\partial x}$$

$$= (1-2x)[y(2R0 + F1) + D1 - D2](1-2y)[-xF1 + F1 + P1 - A - K] - x(1-x)$$
$$(2R0 + F1)y(1-y)(-F1)$$

$$Tr(J) = \frac{\partial F(x)}{\partial x} + \frac{\partial F(y)}{\partial y} = (1-2x)[y(2R0 + F1) + D1 - D2](-xF1 + F1 + P1 - A - K)$$

上述 5 个局部平衡点对应的 Jacobi 行列式和迹见表 4-4。

表 4-4　开发阶段博弈系统雅可比矩阵 $Det(J)$、$Tr(J)$ 结果

均衡点	$Det(J)$	$Tr(J)$
$E_1(0,0)$	$(D1-D2)(F1+P1-A-K)$	$D1-D2+F1+P1-A-K$
$E_2(0,1)$	$(2R0+F1+D1-D2)(A+K-P1)$	$2R0+F1+D1-D2+A+K-P1$
$E_3(1,0)$	$(D2-D1)(P1-A-K)$	$D2-D1+P1-A-K$
$E_4(1,1)$	$(2R0+F1+D1-D2)(P1-A-K)$	$A+K-P1+D2-D1-F1-2R0$
$E_5(x^*,y^*)$	$\dfrac{(A+K-F1-P1)(2R0+F1+D1-D2)(A+K-P1)(D2-D1)}{F1(2R0+F1)}$	0

① $E_1(0,0)$，即企业选择投资力度小，社区居民选择不合作。通过计算，恒有 $D1>D2$，但当 $F1+P1-A-K>0$ 时，恒有 $D2-D1+F1+P1-A-K>0$ 与 $Tr(J)<0$ 矛盾，即企业选择投资力度小，社区居民选择不合作的策略无法实现。

② $E_2(0,1)$，即企业选择投资力度小，社区居民选择合作。通过计算，需要 $A+K-P1>0$，但当 $A+K-P1>0$ 时，恒有 $2R0+F1+D1-D2+A+K-P1>0$ 与 $Tr(J)<0$ 矛盾。因此，企业投资力度小，社区居民选择合作的策略也无法实现。

③ $E_3(1,0)$，即企业选择投资力度大，社区居民选择不合作。通过计算，当满足 $P1-A-K<0$ 条件时，该点能够趋于稳定，即企业选择投资力度大，社区居民选择不合作策略

④ $E_4(1,1)$，即企业选择投资力度大，社区居民选择合作。通过计算，需满足 $P1-A-K>0$ 的条件。因此，当 $E_4(1,1)$ 为稳定点，即企业选择投资力度大，社区居民选择合作策略时。

通过对民族村寨起步阶段的矛盾主体社区居民、旅游者、政府之间的利益博弈进行分析，可以发现，在企业投资少的情况下，不会出现策略的均衡，只有在企业投资多的情况下，才会出现策略均衡。从少数民族村寨旅游长远发展来看，政府公正条件下，企业投资多、社区居民配合是最佳策略组合。当企业投资多，进行规模性开发，能够发挥旅游投资的规模效应。有研究表

明，旅游企业资金投入越大、公益行为越多，冲突会降低。因此，在起步阶段，政府应秉持公正立场，对投资企业进行认真甄别，选择投资实力强，具有旅游开发经验的企业。

4.2.2.4 开发阶段的数值实验与仿真

在政府公正立场下，为了使博弈演化达到企业投资力度大、社区居民合作（$x=1$，$y=1$）的理想策略组合状态。各方参数要满足 $P1-A-K>0$ 的演化条件。为此，本研究假设系统的初始参数为：$D1=2$，$D2=1$，$L=2$，$S=1$，$F1=2$，$R0=2$，$P1=3$，$A=1$，$K=1$。假设演化的初始策略为：$x=0.2$，$y=0.7$。仿真结果如图 4-5 所示。

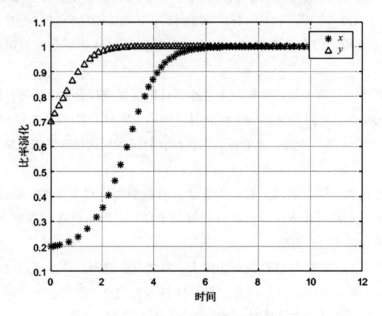

图 4-5　开发阶段数值演化过程图

从图 4-5 可发现当参数假设满足 $P1-A-K>0$ 时，在 6 个时间单位后，旅游企业和社区居民的策略选择将向企业大力度投资、社区居民合作（$x=1,y=1$）演化。企业大力度投资、社区居民合作（$x=1,y=1$）这一稳定点对旅游地的长远发展有较好影响。因此，当社区居民选择不合作时，旅游企业将会产生的损失（$P1$）对社区居民和旅游企业的博弈稳定有重要影响。

4.2.3 发展阶段核心利益冲突的演化博弈

4.2.3.1 发展阶段的问题描述及假设

（1）发展阶段的问题描述。少数民族村寨旅游进入发展阶段，在市场化、规模化的开发下，游客量增长迅速，旅游业规模扩大，由此带来的经济利益增多。社区居民是旅游资源的拥有者，而企业则是旅游资源的开发者，在现有的市场经济环境及产权制度下，企业获得了由旅游业规模扩大而带来的大部分收益，社区居民则属于等待被分配利益者。而从少数民族村寨旅游发展的初衷来看，获得经济收益也是社区居民最重要的利益诉求。在市场经济条件下，企业为追逐最大的利益，尽可能享有旅游发展带来的经济收益，有可能会选择独占旅游收益，而面对企业独占收益时，社区居民有可能进行反抗，通过带游客逃票、围堵村寨景区大门、与企业谈判、打官司等手段来维护收益。企业与社区居民之间既有合作的机会，又面临着冲突的可能。比如云南的傣族园、四川的甲居藏寨等都在发展阶段出现过社区居民与企业的利益冲突现象，都是由于企业未及时向社区居民分享经济收益而引发。

（2）发展阶段的假设。在发展阶段，面对由旅游发展规模壮大而产生带来的经济效益，企业的策略有两种：分享旅游收益和独占旅游收益，社区居民的策略也有两种：合作和不合作，具体假设如下。

条件假设分为基本假设和参数假设。

基本假设，根据演化博弈理论的相关假设对条件进行限定。

①有限理性人，即博弈双方（企业和社区居民）都是有限理性的，追求自身利益的最大化；

②博弈双方具有异质性，在认知程度或者群体感知度上存在差异；

③不完全信息博弈，即博弈双方的信息不是共同知识；

④旅游企业分享收益的概率为 x，不分享收益的概率为 $1-x$；

⑤社区居民选择合作的概率为 y，不合作的概率为 $1-y$。

参数假设，根据理论分析设定影响企业及社区居民的行为参数。

① A 代表旅游企业分红的数量；

②B 代表旅游企业开展旅游活动所获得的收益；

③F1 代表社区居民不合作时给企业带来的损失；

④E 为社区居民合作时给企业带来的额外收益；

⑤C 代表社区居民所获得的正常收益；

⑥A1 代表社区居民不合作时获得的额外收益；

⑦G 为社区居民参与企业合作的成本；

⑧D 为社区居民合作时获得的收益。

引入政府约束机制，当旅游企业采取独占利益策略时，社区居民会向政府部门申诉，政府对旅游企业进行罚款记为 F2，罚款补偿给当地居民。

4.2.3.2 发展阶段的模型构建

根据以上条件分析与假设，得到旅游企业与社区居民的博弈矩阵（表4-5）和博弈树模型（图4-6）。

表 4-5　发展阶段博弈矩阵

		社区居民	
		合作（y）	不合作（1–y）
旅游企业	分享（x）	B–A+E，C+A+D–G	B–A–F1，C+A+A1
	不分享（1–x）	B+E–F2，C+F2+D–G	B–F1，C+A1

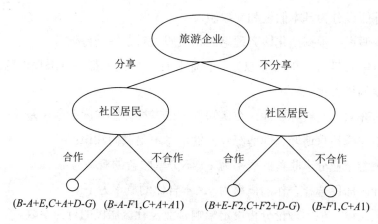

图 4-6　发展阶段博弈树模型

4.2.3.3 发展阶段的复制动态方程及平衡点

旅游企业采取分享利益及独占利益时的期望收益$U_1(x), U_2(x)$及平均期望收益$\overline{U(x)}$分别为：

$$U_1(x) = y(B + E - A) + (1 - y)(B - A - F1)$$
$$U_2(x) = y(B + E - F2) + (1 - y)(B - F1) \tag{1}$$
$$\overline{U(x)} = xU_1(x) + (1 - x)U_2(x)$$

社区居民采取合作、不合作策略时的期望收益$U_1(y), U_2(y)$及平均期望收益$\overline{U(y)}$分别为：

$$U_1(y) = x(C + A + D - G) + (1 - x)(C + D + F2 - G)$$
$$U_2(y) = x(C + A + A1) + (1 - x)(C + A1) \tag{2}$$
$$\overline{U(y)} = yU_1(y) + (1 - y)U_2(y)$$

由以上两组等式可分别得出复制动态方程：

$$F(x) = \frac{dx}{dt} = x[U_1(x) - \overline{U(x)}] = x(1 - x)(yF2 - A) \tag{3}$$

$$F(y) = \frac{dy}{dt} = y[U_1(y) - \overline{U(y)}] = y(1 - y)[(1 - x)F2 + D - G - A1] \tag{4}$$

当博弈主体进行稳定策略时有：

$$\begin{cases} F(x) = \dfrac{dx}{dt} = 0 \\[2mm] F(y) = \dfrac{dy}{dt} = 0 \end{cases} \tag{5}$$

求解微分方程（5）可得局部平衡点：

$$E_1(0,0), E_2(0,1), E_3(1,0), E_4(1,1), E_5(x^* = \frac{F2 + D - G - A1}{F2}, y^* = \frac{A}{F2})$$

根据 Friedman 提出的方法，微分方程系统描述的是群体动态，其稳定均衡点是由复制动态方程的 Jacobi 行列式为正数，且其迹为负数得到的，即当$Det(J) > 0$，$Tr(J) < 0$时，此平衡点是演化稳定策略（ESS）。

$$Det(J) = \begin{vmatrix} \dfrac{\partial F(x)}{\partial x} & \dfrac{\partial F(x)}{\partial y} \\ \dfrac{\partial F(y)}{\partial x} & \dfrac{\partial F(y)}{\partial y} \end{vmatrix} = \dfrac{\partial F(x)}{\partial x} \cdot \dfrac{\partial F(y)}{\partial y} - \dfrac{\partial F(x)}{\partial y} \cdot \dfrac{\partial F(y)}{\partial x}$$

$$= (1-2x)[yF2-A](1-2y)[(1-x)F2+D-A1-G]-x(1-x)(F2)y(1-y)(-F2)$$

$$Tr(J) = \dfrac{\partial F(x)}{\partial} + \dfrac{\partial F(y)}{\partial} = (1-2x)(yF2-A)+(1-2y)[(1-x)F2+D-A-G]$$

上述 5 个局部平衡点对应的 Jacobi 行列式和迹见表 4-6。

表 4-6　发展阶段博弈系统雅可比矩阵 $Det(J)$、$Tr(J)$ 结果

均衡点	$Det(J)$	$Tr(J)$
$E_1(0,0)$	$-A(F1+D-A1-G)$	$-A+F2+D-A1-G$
$E_2(0,1)$	$(F2-A)(A1+G-F2-D)$	$F2-A+A1+G-F2-D$
$E_3(1,0)$	$A(D-A1-G)$	$A+D-A1-G$
$E_4(1,1)$	$(F2-A)(D-A1-G)$	$A-F2+A1+G-D$
$E_5(x^*,y^*)$	$\dfrac{A(F2+D-A1-G)(A1+G-D)(F2-A)}{F2^2}$	0

本研究假定企业—社区居民的博弈矩阵中假设的参数均大于 0。4 个判定条件下的局部稳定分析结果见表。

① $E_1(0,0)$，企业选择不分享，社区居民选择不合作，通过计算，当满足 $F2+D-A1-G < 0$ 且 $F2-A > 0$ 或 $F2-A < 0$ 条件时，该点处于稳定。当社区居民由于不合作所获得的收益与合作所获得的收益大于政府对企业不分享的惩罚时，无论政府对于企业的惩罚金额是否大于其分红金额，企业均会选择不分红，社区居民均会选择不合作，系统向着（不分享，不合作）的策略演化。

② $E_2(0,1)$，企业选择不分享，社区居民选择合作，通过计算，当满足 $F2+D-A1-G > 0$ 且 $R2-T1-G < 0$ 条件时，该点处于稳定。社区居民由于不合作所获得的收益与合作所获得的收益大于政府对企业不分享的惩罚，政府

对企业进行惩罚的力度小于企业的分红金额，社区居民选择合作所获得的收益减去合作成本小于社区居民选择不合作时的收益，系统将收敛于（不分享，合作），但是，$F2-A < 0$ 很难实现，社区居民参与合作，会产生一定的合作成本（G），自然要求更多的经济利益作为补充。

③ $E_3(1,0)$，企业选择分享，社区居民选择不合作，通过计算发现，当 $Det(J) > 0$ 时需满足，但当时与的假设矛盾，因此，$E_3(1,0)$ 无法稳定。

④ $E_4(1,1)$，企业选择分享，社区居民选择合作，通过计算，当同时满足 $F2-A > 0$ 且 $D-A1-G > 0$ 条件时，该点处于稳定。政府对企业进行惩罚的力度大于企业的分红金额，同时，社区居民进行合作的收益大于不合作的收益，系统会朝向（分享，合作）的策略演化，最终获得系统稳定。该结果对于民族村寨旅游的长远发展来看，也是最有利的演化方向。

通过对民族村寨发展阶段的主要矛盾主体企业与社区居民之间的利益博弈进行分析，可以发现，社区居民是否合作取决于其合作带来的收益是否大于不合作的收益，在政府有效监管的条件下，企业是否进行利益分享取决于其不分享利益而带来的惩罚是否大于利益分享的金额。从少数民族村寨旅游的可持续发展来看，企业进行分红，社区居民选择合作，通过经济利益分配制度的建议，形成社区居民与企业之间良性的合作关系，才是最有利的。因此，在发展阶段，要增加社区居民因为合作而产生的收益，同时，加大对企业独占利益的惩罚。

4.2.3.4 发展阶段数值实验与仿真

在引入政府约束机制的情况下，为了达到企业分享、社区居民合作（$x=1$，$y=1$）的理想策略选择状态。各方参数要满足 $F2-A > 0$ 且 $D-A1-G > 0$ 的演化条件。为此，本研究假设系统的初始参数为：$B=2$，$F1=1$，$E=2$，$C=0.5$，$F2=2$，$A=1$，$D=2$，$A1=0.5$，$G=1$。假设演化的初始策略为：$x=0.2$，$y=0.5$。仿真结果如图 4-7 所示。

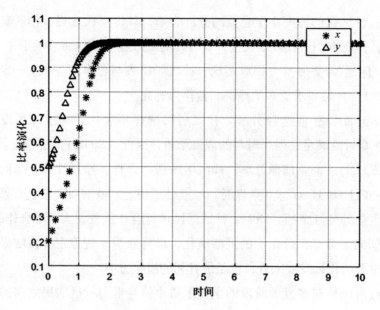

图4-7 发展阶段数值演化过程图

从图4-7可发现当参数假设满足$F2-A>0$且$D-A1-G>0$时，在两个时间单位后，社区居民和旅游企业的策略选择将向企业分享、社区居民合作（$x=1,y=1$）演化。企业分享、社区居民合作（$x=1,y=1$）这一稳定点对少数民族村寨旅游可持续发展具有重要意义。当$F2$增大时，即政府在对企业独占利益进行惩罚，且将罚款补偿给社区居民时，系统会演化至良性状态。

4.2.4 巩固阶段核心利益冲突的演化博弈

4.2.4.1 巩固阶段的问题描述及假设

（1）巩固阶段的问题描述。少数民族村寨旅游进入巩固阶段，游客量的增长保持稳定，且经济收益分配制度完善。社区居民与旅游企业之间因为经济利益分配的矛盾得到缓和，然而，随着旅游产业的深入和社会经济的发展，民族村寨的传统文化面临着异化或者传承的选择。传承始于文化自觉，是指社区居民充分认识到本民族文化的重要价值，创造性地对文化进行延续并发扬；异化主要是受外来文明的影响，社区居民追求更便利、更现代的生活方式，对传统民族文化进行的破坏行为。从短期来看，对传统文化的异化能够让社区居民享受现代化的生活方式或者接待更多的旅游者，获得收益；而从长期来看，异化破坏了传统的文化景观，给村寨旅游带来不可逆转的影响。政府是文化保护相关政策及资金的提供者，对于政府而言，对传统文化的保护能够带来长期的效益。当政府选择监管时，会通过奖励或者补贴来鼓励社区居民保护传统文化，通过罚款的方式来避免传统文化的异化。比如云南省的傣族园，社区居民在经济生活条件得到改善后，受利益驱使和外来文化熏陶，违规、超标准建造房屋，破坏了原有聚落的景观形态。

（2）巩固阶段的假设。在巩固阶段，政府的策略选择为监督或者不监督，社区居民的策略则是保持传统或者异化，同时，引入在企业参与情况下对于社区居民保护文化的奖励机制，具体假设如下。

条件假设分为基本假设和参数假设。

基本假设，根据演化博弈理论的相关假设对条件进行限定。

①有限理性人，即博弈双方（政府和社区居民）都是有限理性的，追求自身利益的最大化；

②博弈双方具有异质性，在认知程度或者群体感知度上存在差异；

③不完全信息博弈，即博弈双方的信息不是共同知识；

④政府采取监督策略的概率为 x，不监督的概率为 $1-x$；

⑤社区居民选择保持传统的概率为 y，异化的概率为 $1-y$。

参数假设，根据理论分析设定影响企业及社区居民的行为参数。由于社区居民选择异化能获得更多的经营选择，因此，社区居民异化时的直接收益恒大于保持传统时的直接收益，即 $T2 > T1$。

① $T1$ 为社区居民因保持传统产生的直接经济效益；

② $T2$ 为社区居民因文化异化产生的直接经济效益；

③ H 为政府对社区居民的补贴；

④ L 为社区居民保护传统文化而产生的长期收益；

⑤ S 为社区居民因文化异化而产生的短期收益；

⑥ I 为政府监督成本；

⑦F 为社区居民异化文化时，政府监督的罚款。

为更好说明情况，在此引入企业奖励机制，在企业参与的情况下，社区居民保护传统文化会带来附加的经济效益 R0，而异化文化则会产生损失 R0。政府不监督情况下会有声誉损失 P1。

4.2.4.2 巩固阶段的模型构建

根据以上条件分析与假设，得到政府与社区居民的博弈矩阵（表4-7）和博弈树（图4-8）。

表 4-7 巩固阶段政府与社区居民的博弈矩阵

		社区居民	
		保持传统（x）	异化（$1-x$）
政府	监督（y）	$L-H-I, T1+H+R0$	$S+F-H-I, T2+H-F-R0$
	不监督（$1-y$）	$L-P1, T1$	$S-P1, T2$

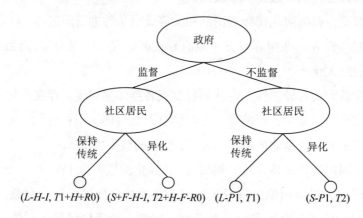

图 4-8 巩固阶段政府—社区居民博弈树模型

4.2.4.3 巩固阶段的复制动态方程及平衡点

社区居民保持传统或异化时的期望收益 $U_1(x), U_2(x)$ 及平均期望收益 $\overline{U(x)}$ 分别为：

$$U_1(y) = y(T1+H+R0)+(1-y)T1$$
$$U_2(y) = y(T2+H-F-R0)+(1-y)T2 \tag{1}$$
$$\overline{U(y)} = yU_1(y)+(1-y)U_2(y)$$

政府采取监督、不监督策略时的期望收益 $U_1(y), U_2(y)$ 及平均期望收益 $\overline{U(y)}$ 分别为：

$$U_1(y) = y(T1 + H + R0) + (1 - y)T1$$
$$U_2(y) = y(T2 + H - F - R0) + (1 - y)T2 \qquad (2)$$
$$\overline{U(y)} = yU_1(y) + (1 - y)U_2(y)$$

由以上两组等式可分别得出复制动态方程：

$$F(x) = \frac{dx}{dt} = x[U_1(x) - \overline{U(x)}] = x(1 - x)[y(2R0 + F) + T1 - T2] \qquad (3)$$

$$F(y) = \frac{dy}{dt} = y[U_1(y) - \overline{U(y)}] = y(1 - y)[-Fx + F + P1 - H - I] \qquad (4)$$

当博弈主体进行稳定策略时有：

$$\begin{cases} F(x) = \dfrac{dx}{dt} = 0 \\[2mm] F(y) = \dfrac{dy}{dt} = 0 \end{cases} \qquad (5)$$

求解微分方程（5）可得局部平衡点：

$$E_1(0,0), E_2(0,1), E_3(1,0), E_4(1,1), E_5\left(x^* = \frac{F + P1 - H - I}{F}, y^* = \frac{T2 - T1}{2R0 + F}\right)$$

根据 Friedman 提出的方法，微分方程系统描述的是群体动态，其稳定均衡点是由复制动态方程的 Jacobi 行列式为正数，且其迹为负数得到的，即当 $Det(J) > 0$，$Tr(J) < 0$ 时，此平衡点是演化稳定策略（ESS）。

$$Det(J) = \begin{vmatrix} \dfrac{\partial F(x)}{\partial x} & \dfrac{\partial F(x)}{\partial y} \\[3mm] \dfrac{\partial F(y)}{\partial x} & \dfrac{\partial F(y)}{\partial y} \end{vmatrix} = \frac{\partial F(x)}{\partial x} \cdot \frac{\partial F(y)}{\partial y} - \frac{\partial F(x)}{\partial y} \cdot \frac{\partial F(y)}{\partial x}$$

$$= (1 - 2x)[y(2R0 + F) + T1 - T2](1 - 2y)[-Fx + F + P1 - H - I] - x(1 - x)$$
$$(2R0 + F)y(1 - y)(-F)$$

$$Tr(J) = \frac{\partial F(x)}{\partial x} + \frac{\partial F(y)}{\partial y} = (1 - 2x)[y(2R0 + F) + T1 - T2](-Fx + F + P1 - H - I)$$

上述 5 个局部平衡点对应的 Jacobi 行列式和迹见表 4-8。

表 4-8　政府—社区居民系统雅可比矩阵 $Det(J)$、$Tr(J)$ 结果

均衡点	$Det(J)$	$Tr(J)$
$E_1(0,0)$	$(T1-T2)(F+P1-H-I)$	$T1-T2+F+P1-H-I$
$E_2(0,1)$	$(2R0+F+T1-T2)(H+I-P1)$	$2R0+F+T1-T2+H+I-P1$
$E_3(1,0)$	$(T2-T1)(P1-H-I)$	$T2-T1+P1-H-I$
$E_4(1,1)$	$(2R0+F+T1-T2)(P1-H-I)$	$H+I-P1+T2-T1-F-2R0$
$E_5(x^*,y^*)$	$\dfrac{(H+I-F-P1)(2R0+F+T1-T2)(H+I-P1)(T2-T1)}{F(2R0+F)}$	0

① $E_1(0,0)$，即社区居民选择异化，政府选择不监督。通过计算，恒有 $T2 > T1$，需满足 $F+P1-H-I < 0$ 时，$E_1(0,0)$ 趋于稳定。

② $E_2(0,1)$，即社区居民选择异化，政府选择监督。通过计算，需满足 $H+I-P1 < 0$，$2R0+F+T1-T2 < 0$ 条件时，$E_2(0,1)$ 趋于稳定。

③ $E_3(1,0)$，即社区选择保持传统，政府选择不监督。通过计算，需满足 $P1-H-I > 0$ 条件，但当 $P1-H-I > 0$ 时，恒有 $T2-T1+P1-H-I > 0$ 与 $Tr(J) < 0$ 矛盾，因此，$E_3(1,0)$ 无法趋于稳定。

④ $E_4(1,1)$，即社区居民选择保持传统，政府选择监督。通过计算，需满足 $P1-H-I > 0$，$2R0+F+T1-T2 > 0$ 条件时，$E_4(1,1)$ 趋于稳定。

通过对少数民族村寨旅游巩固阶段的主要矛盾："传统文化"的保持和异化进行分析，可以发现，当政府不监督时，村民依靠"传统文化的异化"能够获得较多的收益，因此，会选择"文化异化"。从少数民族村寨旅游来看，只有保持传统文化才能够获得可持续发展，因此，必须提高村民因保护传统文化而获得的收益。一方面，加大政府监督力度，对传统文化异化行为实施相应的惩罚策略；另一方面，加大企业奖励力度，对于保护传统文化行为进行补贴式奖励。

4.2.4.4 巩固阶段的数值实验与仿真

为了使两方博弈演化到政府监督、社区居民保持传统（$x=1$，$y=1$）的理想策略选择状态。各方参数要满足 $P1-H-I > 0$，且 $2R0+F+T1-T2 > 0$ 的演

化条件。为此，本研究假设系统的初始参数为：$L=1$，$S=1$，$P1=2$，$H=0.5$，$I=1$，$R0=1$，$F=1$，$T1=0.5$，$T2=2$。假设演化的初始策略为：$x=0.7$，$y=0.5$。仿真结果如图 4-9 所示。

从图 4-9 可发现当参数假设满足 $P1-H-I > 0$，且 $2R0+F+T1-T2 > 0$ 时，在一个时间单位后，社区居民和地方政府的策略选择将向地方政府监督、社区居民保持传统（$x=1,y=1$）演化。地方政府监督、社区居民保持传统（$x=1,y=1$）这一稳定点是较为理想的稳定状态，在此稳定条件下旅游地传统文化、旅游资源能有效地被保护。因此，加大社会舆论对政府的影响（$P1$）及政府的处罚措施（F）对旅游地传统文化的保护有重要影响。

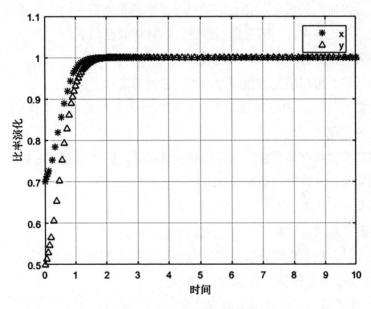

图 4-9　巩固阶段数值演化过程图

4.2.5 衰退阶段核心利益冲突的演化博弈

4.2.5.1 衰退阶段的问题描述及假设

（1）衰退阶段的问题描述。少数民族村寨旅游进入衰退阶段，游客规模大幅度下降，旅游产业发展遇到危机。其主要矛盾体现为旅游者抛弃该村寨，转而选择其他村寨进行旅游。由于产品单一性或者同质化、设施老化、旅游市场变化、政策转变等因素导致旅游产品与市场发展之间难以匹配，旅游者选择其他旅游目的地。村寨与市场发展之间的矛盾可以通过企业和旅游者之间的博弈来体现。企业作为村寨旅游的主要经营者与管理者，面对市场的变化，必须通过制度、产品等的创新来寻求发展出路，然而，原有的发展模式形成路径依赖，造成转型成本较大，有可能不进行创新；对于旅游者而言，去村寨旅游其有可能满意，也可能不满意，满意代表着旅游者可能会重游或者推荐给亲朋好友，村寨会有更多的市场份额，而不满意则代表旅游者不会重游或者向亲朋好友抱怨，村寨会失去更多的市场份额。

（2）衰退阶段的假设。在衰退阶段，企业的策略有两种：创新和不创新，旅游者的应对也有两种：满意和不满意，其具体假设如下。

条件假设分为基本假设和参数假设。

基本假设，根据演化博弈理论的相关假设对条件进行限定。

①有限理性人，即博弈双方（企业和旅游者）都是有限理性的，追求自身利益的最大化；

②博弈双方具有异质性，在认知程度或者群体感知度上存在差异；

③不完全信息博弈，即博弈双方的信息不是共同知识；

④企业创新的概率为 x，不创新的概率为 $1-x$；

⑤旅游者满意的概率为 y，不满意的概率为 $1-y$。

参数假设，根据理论分析设定影响企业及旅游者的行为参数。

① $R1$ 为企业在创新时获得的长期收益；

② $R2$ 为企业在游客旅游不满意时的损失；

③ $R3$ 为旅游者因企业创新而获得的收益；

④ $R4$ 为旅游者满意时给旅游企业带来的额外收益；

⑤ $C1$ 为企业创新所付出的创新成本；

⑥ $C2$ 为旅游者在满意时愿意额外付出的成本；

⑦ $C3$ 为企业不创新时所损失的市场份额；

⑧ $C4$ 为旅游者在满意时获得的收益。

4.2.5.2 衰退阶段的模型构建

根据以上条件分析与假设，得到企业与旅游者的博弈矩阵（表4-9）和博弈树（图4-10）。

表 4-9　旅游企业与旅游者的博弈矩阵

		企业	
		创新（x）	不创新（$1-x$）
旅游者	满意（y）	$R1+R4-C1, R3+C4-C2$	$R4-C3, C4-C2$
	不满意（$1-y$）	$R1-R2-C1, R3$	$-R2-C3, 0$

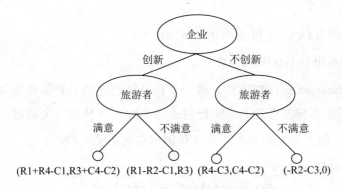

图 4-10　旅游企业—旅游者博弈树模型

4.2.5.3 衰退阶段的复制动态方程及平衡点

旅游企业创新及不创新时的期望收益$U_1(x), U_2(x)$及平均期望收益$\overline{U(x)}$分别为：

$$U_1(x) = y(R1+R4-C1)+(1-y)(R1-R2-C1)$$
$$U_2(x) = y(R4-C3)+(1-y)(-R2-C3) \tag{1}$$
$$\overline{U(x)} = xU_1(x)+(1-x)U_2(x)$$

旅游者满意、不满意时的期望收益$U_1(y), U_2(y)$及平均期望收益$\overline{U(y)}$分别为：

$$U_1(y) = x(R3-C2+C4)+(1-x)(-C2+C4)$$
$$U_2(y) = xR3 \tag{2}$$
$$\overline{U(y)} = yU_1(y)+(1-y)U_2(y)$$

由以上两组等式可分别得出复制动态方程：

$$F(x) = \frac{dx}{dt} = x[U_1(x) - \overline{U(x)}] = x(1-x)[y(R4+R2)+R1-R2-C1] \quad (3)$$

$$F(y) = \frac{dy}{dt} = y[U_1(y) - \overline{U(y)}] = y(1-y)(-C2+C4) \quad (4)$$

当博弈主体进行稳定策略时有：

$$\begin{cases} F(x) = \dfrac{dx}{dt} = 0 \\ F(y) = \dfrac{dy}{dt} = 0 \end{cases} \quad (5)$$

求解微分方程（5）可得局部平衡点：

$E_1(0,0), E_2(0,1), E_3(1,0), E_4(1,1)$

根据 Friedman 提出的方法，微分方程系统描述的是群体动态，其稳定均衡点是由复制动态方程的 Jacobi 行列式为正数，且其迹为负数得到的，即当 $Det(J) > 0$，$Tr(J) < 0$ 时，此平衡点是演化稳定策略（ESS）。

$$Det(J) = \begin{vmatrix} \dfrac{\partial F(x)}{\partial x} & \dfrac{\partial F(x)}{\partial y} \\ \dfrac{\partial F(y)}{\partial x} & \dfrac{\partial F(y)}{\partial y} \end{vmatrix} = \frac{\partial F(x)}{\partial x} \cdot \frac{\partial F(y)}{\partial y} - \frac{\partial F(x)}{\partial y} \cdot \frac{\partial F(y)}{\partial x}$$

$$= (1-2x)[y(R4+R2)+R1-R2-C1](1-2y)(-C2+C4)$$

$$Tr(J) = \frac{\partial F(x)}{\partial x} + \frac{\partial F(y)}{\partial y} = (1-2x)[y(R4+R2)+R1-R2-C1] + (1-2y)(-C2+C4)$$

上述 4 个局部平衡点对应的 Jacobi 行列式和迹见表 4-10。

表 4-10　旅游者—旅游企业系统雅可比矩阵 $Det(J)$、$Tr(J)$ 结果

均衡点	$Det(J)$	$Tr(J)$
$E_1(0,0)$	$(R1-R2-C1)(-C2+C4)$	$(R1-R2-C1)+(-C2+C4)$
$E_2(0,1)$	$(R4+R1-C1)(C2+C4)$	$(R4+R1-C1)+(C2-C4)$
$E_3(1,0)$	$(R1-R2-C1)(C2-C4)$	$(R1-R2-C1)+(C2-C4)$
$E_4(1,1)$	$-(R4+R1-C1)(C2-C4)$	$(C2-C4)-(R4+R1-C1)$

① $E_1(0,0)$，即企业选择不创新，游客不满意。通过计算，若要使 $E_1(0,0)$ 为稳定点，初始参数需满足 $R1-R2-C1 < 0$，$C4-C2 < 0$ 的条件。即当旅游企业由于创新而获得的收益小于创新付出的成本和因旅游者不满意产生的损失之和，企业会选择维持现状，不进行创新；当旅游者获得满意时的成本大于其收益，比如旅游者为了满意的旅游体验付出了较为高昂的价格，其满意度也会下降。在该情况之下，企业和旅游者出于理性考虑，出现企业不创新，旅游者不满意的情况。对于少数民族村寨旅游的可持续发展而言，该种情况的出现可能会导致少数民族村寨旅游的衰落，因此，要对企业及旅游者的策略进行引导，增加企业因创新而获得的收益，降低旅游者的成本。

② $E_2(0,1)$，即企业选择不创新，游客满意。通过计算，要使 $(R4+R1-C1)$ $(C2-C4)$ 且 $(R4+R1-C1) + (C2-C4) < 0$，则需 $R4+R1-C1 < 0$ 且 $(C2-C4) < 0$。因此，当旅游企业创新成本较高，且旅游者获得的收益大于成本时，会出现企业不创新，旅游者满意的情况。

③ $E_3(1,0)$，即企业选择创新，游客不满意。要使 $(R1-R2-C1)$ $(C2-C4) > 0$ 且 $(R1-R2-C1) + (C2-C4) < 0$，则需 $(R1-R2-C1) < 0$ 且 $(C2-C4) < 0$。即当企业积极创新时，产品质量等的提高使得旅游者获得丰富的旅游体验，旅游者的收益大于其付出，该点无法趋于稳定。

④ $E_4(1,1)$，即企业选择创新，游客满意。要使 $-(R4+R1-C1)$ $(C2-C4) > 0$ 且 $(C2-C4) - (R4+R1-C1) < 0$，则需 $(R4+R1-C1) > 0$ 且 $(C2-C4) < 0$。即当旅游企业创新收益与旅游者出游意愿高时，为旅游企业带来的额外收益之和大于创新成本，且旅游者出游意愿高时获得的收益大于成本时，会出现企业创新、旅游者满意的情况。该情况是博弈演化的最佳策略组合。

借助企业与旅游者双方关于创新和满意策略的分析，来反映民族村寨旅游衰退阶段村寨旅游与市场选择之间矛盾的演化，可以发现，在不引入创新激励的条件下，企业出于理性考虑，受路径依赖影响，为降低成本，极有可能选择不创新，而企业是否进行创新，则会影响到旅游者的满意程度，由旅游者不满意而产生的市场份额下降导致村寨旅游出现低谷，走向衰落。此外，企业是否进行创新由两个方面决定，一方面是短期利益导向下的创新能力，另一方面则是长期利益导向下的创新承诺。如果能看到短期利益，企业会积极进行创新，引导社区居民改善经营，获得更多的市场份额；如果对于长远发展有良好的预期，即使短期无法获益，也会坚持创新行为，获得长远发展。在旅游衰退阶段，通过制度或者产品等的创新行为来打破低效率发展的路径依赖，获得旅游者的满意，赢得更多的市场份额，利益冲突朝向企业创新，旅游者满意方向演化。

4.2.5.4 衰退阶段的数值实验与仿真

为了使系统达到最优状态，实现企业积极创新、游客满意（$x=1$，$y=1$）的理想策略选择。各方参数要满足 $R1+C3-R2-C1>0$ 且 $R4-C2>0$ 的演化条件。为此，本研究假设系统的初始参数为：$R3=1$，$C3=0.5$，$R1=2$，$C3=2$，$R2=1$，$C1=1$，$R4=2$，$C2=1$。假设演化的初始策略为：$x=0.3$，$y=0.8$。仿真结果如图 4-11 所示。

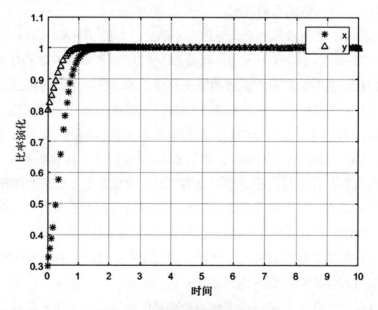

图 4-11　衰退阶段数值演化过程图

从图 4-11 可发现当参数假设满足 $R1+C3-R2-C1>0$ 且 $R4-C2>0$ 时在一个时间单位后，博弈向企业创新、游客满意（$x=1,y=1$）的状态演化。企业创新、游客满意（$x=1,y=1$）这一稳定点是均衡的理想状态。在此条件下旅游企业将积极地对原有旅游活动进行创新，依据市场需求变化改善接待设施、打造旅游产品、提供旅游服务，旅游者的满意度也将因旅游企业的积极创新而提升。从而使旅游企业与旅游者间相互促进，避免旅游地陷入衰退期的不利境地。从演化仿真可发现，在这一演化过程中，参数 $R1$、$C3$ 对系统演化有重要影响，也就是说企业在进行积极创新时获得的收益和不进行创新时的损失影响着博弈演化的方向。从长期来看，企业积极创新的收益必然会增高，而不进行创新必然会落后于市场，被旅游者抛弃。同时，企业所进行的创新是否有效，取决于对传统文化的保护、与社区居民的良好关系以及政府的政策引导。

4.3 本章小结

少数民族村寨旅游作为一个系统，良性的利益格局有利于该系统的稳定和良性发展，而恶性的利益格局则会破坏该系统的稳定和良性发展，更有甚者会造成严重的社会冲突和群体矛盾，阻碍少数民族村寨旅游的可持续发展。本章通过对村寨旅游利益冲突演化的分析，主要有以下发现。

（1）少数民族村寨的旅游利益冲突主要集中在政府、社区居民、旅游企业、旅游者之间。社区居民和旅游企业是村寨旅游冲突的核心主体，产生冲突的原因主要有利益分配不均、资源权属不清晰、文化之间存在差异等；旅游利益冲突的特征有：类型多样，以经济利益冲突为主要表现；根源复杂，以制度缺失为主要原因；具有演化性，伴随着旅游发展规模发生变化。

（2）不同阶段的主要冲突不同，其博弈策略也不同。萌芽阶段的主要冲突是围绕市场秩序不规范而引发的旅游者不满意，通过对社区居民与旅游者之间的博弈演化进行分析，最优的策略组合为社区居民诚信经营、旅游者不投诉；开发阶段的主要冲突是围绕旅游资源开发相关问题而进行的讨价还价，通过对政府、社区居民、企业三者之间博弈演化进行分析，最优的策略组合为政府持公正立场、企业多投资、社区居民配合开发；发展阶段的主要冲突是围绕旅游利益分配问题而展开，通过对企业和社区居民之间的博弈演化进行分析，最优的策略组合为企业分享收益、社区居民积极参与旅游；巩固阶段的主要冲突是围绕民族文化保护问题而展开，通过对政府、社区居民之间的博弈行为进行分析，得出最优的策略组合为政府引导文化保护、社区居民保护传统文化；衰退阶段的主要冲突围绕市场规模的缩小而展开，通过对企业和旅游者之间的博弈演化进行分析，得出最优的策略组合为企业积极创新、旅游者满意。

第5章 少数民族村寨旅游利益调控

本研究第四章对萌芽、开发、发展、巩固、衰退五个阶段的主要利益冲突及利益主体之间的动态博弈进行了考察，详细分析了在不同情境下各利益主体的策略选择，演绎了最优策略集出现的可能。本章在以上分析的基础上，结合各阶段各主体的利益博弈行为，从调控参与主体、调控原则、制度构建三个方面，针对少数民族村寨旅游发展过程中主要利益冲突提出调控措施，以期解决村寨旅游发展过程中的利益冲突，实现少数民族村寨旅游的可持续发展。

5.1 利益调控的参与主体

根据利益相关者理论，少数民族村寨旅游可持续发展的关键在于利益主体之间的协同与配合。结合实践和理论分析，在少数民族村寨旅游发展过程中，仅仅依靠社区"内源式"的发展难以解决由于社会经济落后和发展能力不足带来的旅游开发规模小、旅游产品供给不足、资源开发深度不够等问题，伴随着旅游产业发展规模的壮大，政府及企业的介入成为必然。从少数民族村寨旅游利益主体的演化来看，社区居民、政府、企业是核心的利益主体，而包括学者、媒体、NGO 在内的社会公众对村寨旅游的发展产生着重要影响。因此，少数民族村寨旅游利益协调机制的构建，要在政府主导的作用下，吸纳社区居民、企业和社会公众，依据村寨利益主体的实际情况，构建多主体的利益调控机制。

5.1.1 多主体的参与

多中心型利益调控机制的主体应该包括政府、社区居民、企业以及社会公众，其最重要的特征是参与主体多元，包含多个中心，在兼顾多方利益的前提下各个利益主体共同参与、相互协作、实现认同。

（1）政府引导。在少数民族村寨旅游的发展过程中，政府通过提供政策、资金等方面的支持，在完善村寨旅游基础设施、吸引社会资本进入、引导社区居民参与旅游等方面发挥了重要的作用，是少数民族村寨进入多主体开发阶段以后的核心利益主体。在多主体的利益调控机制中，政府不能缺位，但是，上级政府要弱化行政管理的层级体系，退居监管角色，借助委托机制增强属地部门的管理权力，因为属地部门对于实际情况更加了解，在处理复杂的利益纠纷方面更具优势。在利益调控机制中，政府要充当好引导者的角色，通过构造无层级的调控网络来提高各利益主体的协作效率。另外，村寨内部需要一个能够协商共同利益的制度性平台，这个平台也需要在政府的引导下建立，各主体通过该制度性平台，明晰各自的权利边界和角色定位，实现平等对话，表达各自的合理利益诉求，形成内部的利益约束机制。在利益调控的过程中必须发挥合作制度对提升社区居民和企业利益共同体的教化功能，引导合理利益诉求的表达，规避不合理的利益诉求及非法的冲突对抗方式。

（2）居民增权。社区居民是少数民族村寨旅游发展的主体，既是旅游资源的一部分，也是旅游资源的拥有者，拥有较高的利益享有度和利益贡献度，更是村寨旅游从始至终的核心利益主体。但是，社区居民自身缺少维护自身利益的能力和权力，在旅游发展的过程中处于相对弱势的地位，无法有效地表达并实现自身的利益诉求。在多中心型利益调控机制中，要确保居民的核心地位，防止被边缘化，出现失语的困境。通过为居民提供就业机会、引导居民以多种方式参与到旅游的经营与服务、为居民提供表达利益诉求的渠道、提升社区居民参与旅游活动的能力等方式为居民增权，确保其能够参与到协商共同利益的制度性平台。此外，为了克服社区居民在市场经济中的劣势，可以通过建立合作社，将分散在每个人身上的权利及资源整合起来，形成有助于实现社区居民利益诉求的协作机制。

（3）企业参与。企业作为社会资本的代表，能够帮助少数民族村寨旅游突破天花板，进入快速发展阶段，实现规模和收益的增加。在少数民族村寨旅游中，企业通常被当作强势群体的代表，通过资金、管理等向政府寻租，实现自身利益的最大化，造成"旅游飞地"现象。从利益主体的演化来看，社区居民和政府先于企业成为村寨的核心利益主体，因此，在多中心型利益调控机制中，要选择具有社会责任感、资金实力强的企业参与，规避寻租行为的发生。企业在旅游发展的过程中，应经常与社区居民进行沟通，依据协议为社区居民提供就业机会以及相应的补偿和分红，考虑社区居民的利益诉求，通过补贴及教育的方式引导居民对传统民族文化进行保护。

（4）社会公众监督。学者、媒体、NGO 等社会公众依靠其本身所具有的社会影响力和话语权在少数民族村寨旅游的发展中有着较高的利益影响度。在多中心型利益调控机制中，社会公众可从社区外部起到对利益协调的监督作用。比如保继刚、左冰等学者不断地呼吁为社区参与、为社区居民增权，并且通过对一些典型案例的剖析和研究，指出保障社区居民利益的重要价值，为社区的利益协调提供指导。媒体可通过对社区冲突事件的报道和披露，扩大事件的影响力，推动利益协调机制的构建与运行。社会公众拥有一定的社会资源，并且处于村寨外部，对于村寨没有直接的利益诉求，要发挥其第三方的中立立场，为多主体型利益调控机制的运行提供外部的监督和保障。

5.1.2 多主体的利益协作

多主体型利益调控机制依靠多个主体互相产生影响来实现利益调控，尽可能地在利益主体之间建立平衡的制约关系，各主体在平等的基础上通过合作对话、谈判协商来实现利益的整合。

利益协作的本质是多个利益主体对利益进行柔性管理，从而实现公共利益最大化的最优策略。促使各利益主体的博弈顺着"共赢"的目标而不发生偏离是该模式要解决的重要问题，从产权融合机制的构建上捆绑各方利益主体的利益，风险共担，利益共享，形成相对均衡的制约关系，能够最大程度地实现资源和资本的互动与融合，有效配置村寨资源，促使多个利益主体朝着公共利益而努力。

产权设计是利益协作的基础，能够有效平衡旅游发展中的权利失衡。依靠产权或者正式的规章制度建立起的利益协调机制，具有利益的互嵌性质，可以保障社区居民在旅游发展及利益调控中的主体地位，同时，也能有效避免因产权不明确而产生的"公地悲剧"以及外来企业无序进入而产生的"政商混杂"，进而解决好村寨旅游发展过程中的权利失衡问题。

各主体的互动促使利益协作制度得以完善和优化。各主体在利益协作的过程中，通过平等的协商和沟通能够逐步实现利益诉求的理性化，为利益协作制度的建立提供基础。经由多中心型利益调控机制，各主体能够形成公正的分配观，防止利益的非均衡发展。同时，社区居民在跟其他利益主体互动的过程中，能够形成更加理性的经济行为以及财富管理能力。

多主体型利益调控机制关键在于多主体的利益协作。依据不同利益主体的角色定位及利益诉求来推动各主体之间的理性互动与权利制衡，实现共同利益的最大化，是该调控机制的重要目标。其运行的关键是多主体的利益协作，因此要实现"政府引导、居民增权、企业参与、社会公众监督"的制度设计。同时，也要注重村寨的共同利益，即旅游的可持续发展和收益的可持续获得，这样才能够实现各方利益博弈的均衡。

5.2 利益调控的原则

原则是系统运行所遵循的标准，为了保障利益调控制度的构建及良好运行，在利益调控过程中需要遵循公正平等、利益共享、统筹兼顾、协商民主的原则。

5.2.1 公正平等

公正平等是旅游地进行利益调控的基础性原则。利益调控的目标是能够最大限度地满足利益主体的物质文化利益需求，建立公平的利益分布格局和利益获取机制，尽力降低不合理、不合法获取财富的可能性，将贫富差距控制在与生产力发展水平相适应、绝大多数成员能够接受的范围内，尽可能地维护社会的公平和正义，逐步实现全体人民共同富裕，实现社会全面、协调、可持续发展与人的全面发展。作为最初衡量道德尺度的原则，伴随着社会的发展，逐渐演化成评价国家法律、社会制度的重要准则，正如罗尔斯的表述，公正是法律及社会制度的首要价值，一项法律或者社会制度不管多么地具有逻辑性、多么地具有效率，只要它存在不公正、不正义，就要毫不犹豫地对它进行改造，或者将它废除，直至彰显出社会的公平和正义。

　　然而，在不同的社会背景下，公正平等的内涵也不同，现阶段来看，实现社会的公平正义是中国特色社会主义的内在要求。党中央在我国社会发展的不同阶段和不同时期都对公平正义作了重要论述：邓小平强调要尊重市场发展规律，允许一部分人先富起来，通过先富带动后富，实现共同富裕；江泽民提出"三个代表"重要思想，对公平正义的本质进行诠释；胡锦涛指出公正就是要正确处理人民内部矛盾，妥善协调各方面的利益关系；十八大以来，习近平指出通过创新制度安排，创造更加公平正义的社会环境，是解决社会不公平正义的根本举措。社会主义社会所强调的公平是多方面的，包括权利、机会、规则、分配等，最终实现利益的均衡和人民的共同富裕。

　　同时，也应该看到，社会主义社会的公正不是一刀切的平均主义，而是要求实行按劳分配，也就是劳动者可以因为能力的不同、对社会的贡献不同而获得不同的收益。社会主义的平等不是指完全的均衡，而是指在遵循市场规律的前提下，个人的付出与所得之间的平衡，允许能力强的人得到更多收益，同时，也要考虑弱势群体的利益，做到"权利与义务"的平衡。中国自古就有"不患寡而患不均"的思想意识，在没有发展旅游的时候，虽然少数民族村寨社会经济十分落后，但是社区关系十分和谐，当发展旅游之后，居民的生活条件得到改善，却会产生很多矛盾，这与利益分配不均衡有着密切的关系。因此，公正平等原则的突出体现和首要要求是利益分配的制度公平，制度公平的关键则是使社会各基层的所得与应得、权利和义务尽可能平衡，不能让一部分人利用某些制度的不合理性，为自己谋利，使另一部分人的利益和机会被剥夺。尤其是在初次分配中一定要体现出公正平等。

5.2.2 利益共享

利益共享是马克思主义共同体思想的重要内涵，其基础是利益共创，其本质是合作共赢，确立共同的利益目标，形成共同的利益群体，实现不同利益阶层的和谐相处。利益是一定社会关系的表现，比如经济交换关系等，同时，也受到复杂的社会关系的影响和制约。

作为处在一定社会关系中的个人或者某一利益集团，其利益的实现会受到社会地位、资源占有等多种条件的限制。在社会中，存在不同的利益竞争主体，通过竞争的方式，一方满足了利益，而另一方就必须牺牲其利益，或是双方都两败俱伤。在民族村寨的旅游发展中也是如此，各个利益主体之间相互竞争，争夺利益，很容易引起矛盾和冲突，因此，寻求建立基于社会交换关系基础之上的利益共同体十分重要。通过分工合作、利益共享机制等将不同的利益主体统一在利益共同体内，有效解决利益个体缺少合法的渠道来表达自身利益的问题，有效保障个体利益的实现。在社会主义公有制社会，最终目标是和谐发展和共同富裕，保证所有的利益群体都能够享受旅游发展带来的成果。在少数民族村寨旅游经济转型、利益重组的过程中，各种社会矛盾十分复杂，利益冲突十分明显，因此，通过树立利益共享的原则，以共同的利益诉求来调节旅游地在发展过程中所面临的冲突和矛盾，形成利益共同体，最终实现旅游地的可持续发展。

5.2.3 统筹兼顾

统筹兼顾是社会主义社会解决利益矛盾的根本原则，也是我们对民族村寨旅游利益进行调控的指导思想。利益调控是一项系统工程，涉及多个利益主体，不可能一蹴而就，因此，必须坚持统筹兼顾的原则。邓小平强调过，我们必须按照统筹兼顾的原则来调节各种利益的相互关系，如果违反集体利益而追求个人利益，违反整体利益而追求局部利益，违反长远利益而追求暂时利益，那么，势必两头受损。从这个角度来看，统筹兼顾就是协调好个人利益和集体利益、根本利益和具体利益、长远利益和眼前利益。首先，既要强调整体利益，也要兼顾个人利益。

首先在少数民族村寨旅游发展中，各利益主体是由一个个利益个体构成，每一个个体的正当利益是集体利益不可分割的部分，同时，集体利益包含着个体利益，没有集体的利益就没有个体利益的实现，只有当集体经济规模更大，社区居民才能够分得更多利益。其次，根本利益和具体利益的统筹兼顾体现为二者是形式与本质的关系。根本利益是通过各种各样的具体利益体现出来的，离开了具体利益的表现形式，根本利益就是毫无内容的东西，伴随着村寨旅游的发展，各利益主体的利益诉求越来越具体化，要将其统一于经济、文化来有阶段地实现。最后，最根本的是将长远利益和眼前利益进行统筹。从旅游地发展的根本利益出发，注重对环境、传统文化的保护，切不可因为追求眼前的经济利益而进行"竭泽而渔"式的开发；从旅游地的长远发展出发，注重对产品和服务的提供，塑造旅游地品牌，实现优质旅游。对长远利益和眼前利益进行统筹是旅游地进行调控的关键，在利益主体多元、利益诉求多样、利益关系复杂的现实情况下，兼顾长远利益是协调眼前利益的基础，长远的、可持续的发展是各个利益主体追求的共同利益。

5.2.4 协商民主

协商民主作为一种尊重各方意愿的民主治理原则，具有重大的潜能，它能够有效回应不同利益主体之间的对话，并且能够有效协调多元文化间的沟通障碍，处理社会认知的核心问题。特别强调支持重视所有人需求的政策、公共利益的责任、政治话语的相互理解、对利益的集体约束力。

少数民族村寨旅游和谐发展的关键在于构建一种协商机制，通过该机制能够及时有效地化解冲突，实现均衡。从某种程度来看，旅游村寨由冲突所导致的公共性集体事件一般是位于弱势的群体为了维护自身利益而进行的反抗，特别是当旅游村寨缺少能够有效维护弱势群体利益的协商机制时，利益主体无法通过合理的渠道来表达自己的利益诉求，更无法利用有效的手段来维护自己的利益。在市场经济的催化下，潜在的利益冲突演化成群体性的公共事件，冲突冲破合理的发展范围，影响了旅游地的和谐与稳定。让利益主体能够在公平公正的框架下，利用合理的渠道表达利益诉求，利用合法的手段争取相应的利益，甚至是可以向执政当局施压，通过沟通、对话以及谈判的方式来维护自身的利益，这实际上是让利益主体以较为温和、理性的方式来表达并争取自身的利益诉求，是旅游村寨构建公序良俗的社会格局的方式，同时，也能够有效保障弱势群体在旅游发展过程中的利益，是一种运行成本较低的利益保护与实现机制。根据理论及实践经验，及时化解旅游地发展中的冲突事件和矛盾行为，实现利益的动态均衡，保障旅游地的和谐稳定离不开包含不同利益主体的协商机制。

利益诉求的分异所导致的矛盾及潜在冲突是所有不和谐的源泉，各主体的利益如果得不到有效的协调，就会导致旅游地的发展成果受到损失。针对旅游地发展中出现的各种矛盾，在利益协调时，必须从旅游地的可持续发展出发，照顾到最广泛的利益需求，在公正平等、利益共享、统筹兼顾、协商民主原则的指导下，协调利益关系，解决好人民内部矛盾，推动少数民族村寨旅游的和谐、健康发展。

5.3 利益调控的制度建设

一个新制度的产生有其社会经济背景，同时，新的制度构建一定会改变原有的利益格局，制度的有效安排与发展需求和利益博弈有着密切的关系。奥斯特罗姆指出制度包含法律、行为选择及实践操作三个层次，本部分从制度的需求及制度的构建两个方面，通过旅游市场管理制度、旅游开发协商制度、旅游利益分配机制、传统文化保护制度、旅游市场创新制度的建立有效推动各利益主体合理的利益诉求得到整合，公共利益得到实现，如图5-1所示。

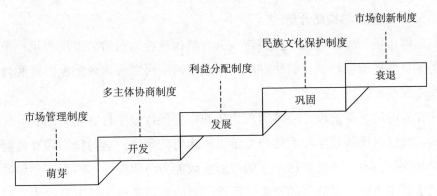

图 5-1　少数民族村寨利益协调制度演进图

5.3.1 萌芽阶段：旅游市场管理制度

5.3.1.1 制度的需求分析

在萌芽阶段，少数民族村寨的旅游发展处于探索时期，村寨的旅游生产活动全部由社区居民承担，社区居民以家庭为单位进行接待游客，或者以村组织为单位开发旅游景点，由旅游发展而带来的生产交换活动主要发生在旅游者和社区居民之间。社区居民由于资金、管理能力有限，旅游开发的规模也较小，在市场经济环境下，缺乏统一的发展规划，出于理性人的考虑，且受到市场经济驯化，社区居民之间相互争夺客源，在经济利益的驱使下，竞相压价，再加上服务意识的缺乏，会引发社区居民之间以及居民与旅游者之间的矛盾，相关利益焦点主要在由自主经营而带来的经济收益，由此导致的后果是市场秩序混乱，游客数量减少。

少数民族村寨多数位于经济欠发达地区，其旅游是在社会经济相对落后的背景下发展起来的，多数是从传统农业转向现代旅游业，在村寨内部也面临着"市场转型、产业转型"的特殊形势，容易导致市场规范和利益协调机制的失灵。尤其是当村寨的社会经济发生重要变化时，各利益主体在表达和追求自身利益能力上存在巨大的差异，旅游市场机制的失灵在某种程度上说明市场上缺少相应的利益均衡机制。

5.3.1.2 制度的构建分析

旅游市场管理制度的建立关键在为少数民族村寨旅游的发展提供一个规范的、良好的市场环境，解决在旅游探索阶段中可能会出现的旅游者和社区居民之间的矛盾。

在旅游的萌芽阶段，旅游的现代化和市场性打破了村寨原有的农业经济结构，社区居民需要学习和适应旅游市场运行的规律，这时特别需要政府的引导和支持，而经济欠发达地区的政府行政能力与职能的不匹配容易导致在市场监管中出现"滞后"的现象。因此，政府要防范市场转型过程中出现旅游市场秩序混乱。在旅游活动出现的早期阶段，通过村规民约的修订、制定市场管理办法等形成规范的市场运行机制，减少乃至杜绝不良经营行为的出现，为少数民族村寨旅游开发打下良好的市场基础。

各个利益主体之间的联系较少，由于利益而产生的矛盾冲突也较少，但是，松散的关系也制约了少数民族村寨旅游产业的发展。在相关制度不健全的前提下，缺乏利益协调机制会导致冲突的恶化。因此，在萌芽阶段，需要市场的监督员，引入规范化的管理制度，主要依靠市场机制和相关政策法规对民族村寨旅游市场秩序进行管理和约束。通过规范市场秩序、提高社区居民的旅游服务及技能水平，为少数民族村寨旅游业的进一步发展打下良好的基础。该阶段，主要是运用经济手段来调整利益关系，构建规范的市场管理制度。

5.3.2 开发阶段：旅游多主体协商制度

5.3.2.1 制度的需求分析

在村寨旅游的开发阶段，政府的介入为少数民族村寨旅游发展提供了资金支持和政策保障，然而，由于政府的公益性，不能直接参与市场经营，为了推动地方社会经济发展，完成政绩要求，积极进行招商引资，引入企业协助开发。社区居民、政府、企业、旅游者构成民族村寨的核心利益主体，社区居民、政府、企业共同努力，对民族文化进行打造和挖掘，扩大民族村寨的旅游市场规模，招来更多的旅游者。在这一阶段，社区居民、政府、企业三者之间关于村寨开发展开协商，政府在某种程度上充当了社区居民的利益代言人，相关利益焦点主要集中在土地价格、优惠政策等方面，然而，对于民族文化资源开发的资金补偿是容易被忽视的地方，也是在发展过程中易产生矛盾和冲突的地方。

5.3.2.2 制度的构建分析

旅游开发协商制度的核心是为社区居民及企业创建一个公平、公开、公正的平台，为其提供表达利益诉求的机会，协助其进行利益协调，同时要建立对政府的利益约束制度，确保政府的公正立场，推动在开发阶段企业与社区居民的利益博弈朝最优策略方向发展。

政府及企业联合起来对村寨旅游资源进行开发，项目的规划、实施决策、补偿标准等大多由政府控制，金钱、管理及技术由企业控制。首先，社区居民由于资源有限、自我维护能力弱，其正当的利益要求往往被边缘化。因此，在旅游开发过程中，开发协商制度的关键在于通过资源的确权为社区居民提供实现利益诉求的权利。其次，要提供表达利益诉求的渠道，为弱势群体争取平等表达自身利益的权利提供制度化的保障。要通过对村寨居民进行旅游知识、法律法规的宣传教育，增强其利益表达意识，不断提高其参与能力以及和各利益主体沟通协调的能力。最后，利用法律的手段来明确各项权益的分配。

政府应持公正立场，充分发挥其中间人的作用，利用其行政权力和社会资源，推动民族村寨的旅游开发工作，在土地价格、政策措施、文化资源补偿等方面保障社区居民的利益，同时为社区居民提供更多发展机会和参与村寨旅游事务的途径。政府要对开发商的实力进行甄别，以防为了套取政策、开发资金等短视行为。社区居民联合起来成立旅游合作社，以书面的方式与开发企业签订各项资金分配及补偿协议，并进行公正。学者发挥其专业性和社会智囊的作用，在社区居民、政府、企业外部发挥利益协调的作用，为民族村寨旅游发展提供专业的指导和发展建议。学者主要是通过政府、企业、居民以及社会共同多主体的合作，借助行政及法律的手段明确各项权利和利益，促进企业与社区居民之间的沟通协作，形成多主体的利益协调制度。

5.3.3 发展阶段：旅游利益分配制度

5.3.3.1 制度的需求分析

在少数民族村寨旅游的发展阶段，旅游规模快速增长，带来的收益也快速增长，管理及市场开发进入常态化，政府逐渐退出村寨的旅游开发，此时，社区居民与企业之间的经济利益分配成为冲突的焦点，这也是在民族村寨旅游发展过程中，容易引发群体性冲突的重要原因。随着少数民族村寨旅游社会参与程度的不断扩大，各利益主体的关系日趋复杂，矛盾更尖锐，冲突更激烈，利益协调问题显得尤为突出。在发展阶段，利益主体之间的联结增多，彼此关系进一步密切，这种密切的关系可能是由于彼此的协作，也可能是由于彼此的纠纷。而从少数民族村寨旅游发展来看，稳定的协作关系有利于其竞争力的提升，而利益的纠纷则会影响少数民族村寨旅游的可持续发展。在发展过程中，不合理的收益系数会增加居民和开发商之间的不稳定性，而合理的收益分配则有利于双方共享成果、加强合作。因此，在居民与企业之间进行合理的经济利益分配是化解冲突的关键。

5.3.3.2 制度的构建分析

合理的利益分配是公平原则的重要体现，也是少数民族村寨旅游利益协调的关键所在，通过利益分配制度的建立实现各主体合理的利益诉求。

关注弱势群体的利益，通过向弱势主体提供适当的利益补偿以改善其生存状况，实现强、弱势主体间利益大体均衡，进而使各相关主体能以一种相对平和的心态展开合作，最终实现合作共赢。对于旅游者而言，少数民族村寨最具有吸引力的是由社区居民创造的文化及其生产生活空间，但在旅游开发中，旅游企业的自利性使得未尽到对自然及文化资源的保护责任。因此，有必要依据相应的产权制度来实现对社区居民的资源补偿。补偿方式多样，可以以现金或者实物的形式，也可以通过提供各种技能培训来提高居民参与旅游发展的能力，使其真正能够从旅游发展中获得收益。

在发展阶段，企业应拓展收入渠道，避免与社区居民争利，同时，对社区居民经营活动进行引导，避免社区居民之间由于产品的同质性而产生恶性竞争，影响旅游地的和谐氛围。社区居民应借助法律的手段维护自己在资源补偿方面的利益分配，同时，在政府及企业的帮助下提升自身参与旅游活动的能力。政府发挥其作为利益协调人的角色，为企业与社区居民之间的利益冲突提供信息沟通与解决方式。

运用经济和法律手段来调整利益关系，通过拓展收入渠道、进行规范化管理，为利益分配提供支撑，多方渠道引入资源保护资金，保障弱势群体的利益，在政府的主导下形成公平公正的旅游利益分配制度。

5.3.4 巩固阶段：民族文化保护制度

5.3.4.1 制度的需求分析

少数民族村寨旅游主要是以民族文化、民俗风情以及民居建筑为吸引物，因此，民族文化保护对于旅游活动的开展有着重要的作用。在巩固阶段，少数民族村寨旅游朝向市场化、现代化、规范化的方向发展，其标志性特征为经济利益分配机制的完善缓解了冲突和矛盾，有效保障了弱势群体的利益。核心利益主体为旅游者、社区居民、政府、企业，利益诉求趋向多元，关于文化保护、社区参与等方面的诉求明显增强。利益主体之间的联系密切，利益分化和纠纷依然存在。在该阶段，旅游发展和文化保护之间的矛盾凸显，相关冲突集中在如何保护民族文化方面，避免因民族文化的破坏和失真而导致的商业化氛围过浓，旅游产品无法满足市场需求，导致民族村寨的旅游发展进入衰退阶段。因此，亟须建立有效的民族文化保护制度。

5.3.4.2 制度的构建分析

为了鼓励优秀民族文化的传承与良性发展，防止旅游的商业化对传统文化的冲击与破坏，要发挥政府、社区居民、企业及社会公众在民族文化保护中的重要作用。

政府必须认识到保护民族文化的重要性，利用行政手段出台保护类的标准，规范对传统优秀民族文化的保护。制定能够有效保护民族文化且体现社会主义核心价值观的政策及法规，加强对社区居民的教育引导，提高其文化认知水平。作为民族文化创造者及传承者的社区居民要有文化自觉的意识，对本民族文化进行积极的保护和宣传，贯彻落实政府的保护性法规，向游客宣扬正确的本民族文化，同时，借鉴优秀的外来文化。通过民族文化所蕴含的道德因素约束社区居民的行为，宣扬保护文化的重要作用和价值，避免为了提高接待规模而破坏传统建筑的现象出现。企业应发挥市场主体的作用，通过产品的开发和营销宣传，保持客源群体的稳定增长，为民族村寨带来经济收入，保证民族文化资源的保护资金，避免为了发展经济而破坏文化的行为产生。学者等社会团体通过专业知识及社会影响，为民族文化的保护工作提供指导及舆论支持。

巩固阶段主要是运用道德、经济和行政手段来调整利益关系，缓解矛盾冲突，继续深化并突出保护的发展模式，通过道德和行政的权力来约束社区居民及企业的行为。政府提供持续性的政策支持，并与社区居民做好沟通，保障社区参与工作，企业通过补贴及奖励的方式引导社区居民保护传统民族文化，同时，充分发挥学者、媒体作为外部协调人的重要作用。通过多方力量的配合，形成民族文化保护制度，保证村寨旅游资源的可持续性发展。

5.3.5 衰退阶段：旅游市场创新制度

5.3.5.1 制度的需求分析

少数民族村寨旅游衰落的原因多样，比如政策的变化、道路交通的变化、产业调整等均有可能引发旅游产业衰退，从旅游市场发展来看，其最重要的原因在于现有的产品及服务无法满足市场的需求，而被旅游者抛弃。因此，在现有产品无法满足市场需求时开发并推出新的旅游产品是少数民族村寨走向可持续发展的关键。随着村寨旅游的发展，出现产品单一性或者同质化、设施老化等现象，无法满足旅游者的需求，旅游规模逐渐下降。当旅游产业出现衰退迹象时，必须进行创新，打破低效率的路径依赖，实现村寨旅游的发展。市场创新制度旨在激活市场主体的创造性，通过新产品或者服务的提供满足旅游者的需求，实现村寨旅游发展的转型。通过政策的实施、规划引导等方式鼓励企业积极创新，依据市场的发展而提供新的产品及服务。

5.3.5.2 制度的构建分析

在少数民族村寨旅游的衰退阶段，主要表现为逐渐被市场抛弃，民族村寨旅游市场规模缩小，积极寻求转型道路或者转向其他产业，其标志性特征是游客规模下滑。在该阶段，由于旅游发展而带来的利益减少，各利益主体关系的紧密程度下降，需要通过制度、产品等的创新来寻求发展出路。

从政策及相关标准的制定上来看，坚持以发展为导向，在保障旅游产品及服务质量的前提下，鼓励企业及社区居民创新性的产品研发和经营方式，出台相应的法律法规来保障创新成果。创新是产业发展的生命力和源泉，政府、企业、社区居民应该认识到创新的重要作用和价值，在村寨旅游发展遇到低谷的时候，积极探求新的发展路径。政府制定相应的政策，鼓励和引导创新，企业发挥其市场主导的作用，在产品研发等方面提供技术支撑，社区居民在对本民族文化进行有效传承的基础上，改善经营方式，实现持续性的创新。

该阶段主要是运用经济和行政手段来调整利益关系。政府提供鼓励创新的政策支持，企业发挥市场主导作用，社区居民积极配合，同时，利用学者在旅游产业转型升级方面的研究，通过多方力量的配合，形成旅游市场创新制度，实现旅游可持续发展。

5.4 本章小结

本章结合利益调控主体和利益调控原则，从制度构建的角度，针对各阶段的利益冲突构建对应的利益调控机制，主要发现如下。

（1）少数民族村寨旅游利益的调控是一个动态的过程。以不同阶段的主要冲突为切入点，坚持公正平等、利益共享、统筹兼顾、协商民主的原则，在政府主导作用下，吸纳社区居民、企业和社会公众，充分发挥经济、政治、法律、道德的重要作用，建立并完善相应的制度，解决少数民族村寨旅游发展过程中的冲突，实现可持续发展。

（2）通过利益调控能够优化少数村寨旅游发展路径，实现旅游的可持续发展。依据分析，少数民族村寨旅游的发展十分脆弱，随时可能会因为内在或者外在原因而走向衰落。壮大旅游发展规模，做大利益蛋糕，协调好各主体之间的关系，做好利益分配，能够有效解决旅游发展过程中的冲突，实现可持续发展。

（3）制度的构建是一个连续体。每个阶段的制度建设不是孤立的，与少数民族村寨旅游发展环境、前一个阶段发展成果密切相关，并且该制度的建设与完善影响着下一制度的建设。规范市场制度、旅游开发协商制度、旅游利益分配制度、民族文化保护制度、市场创新制度，市场制度的规范为村寨旅游发展打下良好的基础，有利于企业的进入，开发协商制度建立的利益沟通渠道为多主体之间的利益协调提供基础，利益分配制度为文化保护提供资金等支持，只有保护好民族文化才能够实现市场的创新，创新不是一蹴而就，必须以发展的成果为基础。

第6章 案例分析

本章选取西双版纳傣族园和石林糯黑村两个案例，利用典型案例剖析法和比较研究法，对两个村寨旅游利益演化进行对比分析，验证本研究的理论分析，并应用本研究所提出的利益调控机制来解决两个村寨在旅游发展过程中出现的利益冲突。

6.1 案例选取与研究方法

6.1.1 案例选取

本研究在对云南省 16 个州市进行考察的基础上，选择 30 个少数民族村寨进行分析，对其发展模式、资源特色、发展历程等进行总结。根据实际情况，最终选定西双版纳傣族园和昆明石林县糯黑村作为本研究的重点案例。其中，西双版纳傣族园作为主要案例，糯黑村作为辅助案例，具体原因如下：①傣族园和糯黑村均是民族文化资源具有特色的民族村寨，具有发展旅游的基础条件，属于云南省民族文化特色村；②傣族园发展较早，早在 20 世纪 80 年代就有少数的研究者和散客进入，1998 年，引入企业开发，1999 年正式开园，至今已有 20 多年历史，经历了旅游的萌芽、开发、发展，已经是一个较为成熟的旅游景区；③关于傣族园的资料非常丰富，孙九霞、罗平、钟洁等学者都在傣族园进行过相关的调查，并在核心期刊和非核心期刊上发表了研究论文，并且较多是关于社区参与、傣族园发展模式等相关研究，傣族园管理公司内部编写了书籍《西双版纳傣族园十年发展回顾（1999—2009）》，为本研究分析傣族园萌芽、起步和发展阶段的利益诉求提供了丰富的资料，因此，本研究选择傣族园作为主要案例进行分析，具有可行性和代表性；④糯黑村的彝族撒尼文化具有特色，早在 20 世纪 90 年代就成为人类学家考察和画家写生的地方，逐渐有散客进入，政府投资资金进行基础设施的修建，但是，一直没有引入外来企业或是成立公司来进行整体的市场化的开发与运作，旅游发展尚处于开发阶段，对于企业的开发持欢迎态度，与傣族园的发展历程存在差异，因此，将其作为对比案例进行分析。

6.1.2 研究方法

本研究采用实地调研为主、文献资料辅助的研究方法，通过访谈、问卷等方式对傣族园和糯黑村进行调查。借助实地调研的方式了解各利益主体现阶段的利益诉求；借助文献资料的方式（主要针对傣族园），了解各利益主体过去的利益诉求。以下主要对实地调研的研究过程进行描述。

本研究的调研对象为社区居民、旅游者、政府工作人员和旅游企业，结合旅游业发展的实际情况和本研究的需要，针对社区居民和旅游者采取自填式问卷进行调查，针对政府工作人员和旅游企业采取访谈的方式。主要考虑如下：①社区居民和旅游者作为松散的团体，其行为和利益诉求具有明显的个体化特征，且没有共同的组织能够代表居民或旅游者进行发声，因此，采用自填式问卷的方式对其进行分别调查；②政府机构作为面向公众的统一组织，其行为和利益诉求体现在其政策制定、政绩考核等方面，具有行动的一致性；企业在民族村寨旅游发展中作为独立的法人，其行为和利益诉求主要体现在企业资金流动、规章制度制定等方面，具有行动的一致性。因此，针对政府和企业采取访谈的方式，对其主要负责人进行访谈了解其针对民族村寨旅游发展方面的政策、制度等方面的行为，判断其利益诉求。本研究主要选取傣族园、糯黑村的本地居民和旅游者进行问卷调查，企业方面主要对傣族园景区企业进行访谈，政府方面主要对直接涉及两个村寨的乡镇政府（勐罕镇和圭山镇）、旅游主管部门（西双版纳州旅发委和石林县旅游局）进行访谈。

本研究设计了云南省民族地区旅游利益诉求社区居民调查问卷、云南省民族地区旅游利益诉求旅游者调查问卷、云南省民族地区旅游利益诉求政府部门访谈提纲、云南省民族地区旅游利益诉求企业访谈提纲。调查内容主要包括现阶段的利益诉求、利益诉求的满足程度两个部分。在问卷设计过程中，于 2016 年 11 月 10 日至 12 月 15 日先后两次组织 5 名熟悉民族旅游的专家进行讨论，对问卷的结构、调研内容、文字表述等进行修改，以提高问卷的效度，对访谈提纲的结构、内容、文字表述等进行修改，以提高访谈的可操作性。2017 年 4 月 30 日至 5 月 4 日在糯黑村进行了预调查，调查样本为社区居民 20 份，旅游者 50 份，在调查过程中，与其进行沟通，对问卷进行再次优化。

在预调查的基础上，于 2017 年 11 月 12 日至 11 月 22 日对糯黑村社区居民和旅游者进行正式问卷调查，共回收社区居民问卷 146 份，有效问卷 140 份，旅游者问卷 260 份，有效问卷 253 份，同时，赴圭山镇政府、石林县旅游局进行访谈。于 2018 年 1 月 23 日至 1 月 31 日对傣族园社区居民和旅游者进行正式问卷调查，共回收社区居民问卷 143 份，有效问卷 140 份，旅游者问卷 360 份，有效问卷 359 份，同时，赴西双版纳州旅发委、勐罕镇政府进行访谈，赴傣族园景区管理公司进行访谈。

6.2 案例情况介绍

6.2.1 西双版纳傣族园

傣族园（又称傣族园景区），内含 5 个傣族自然村寨：曼将（篾套寨）、曼春满（花园寨）、曼乍（厨师寨）、曼嘎（赶集寨）、曼听（宫廷花园寨）。早在 20 世纪 80 年代就有诸多研究者来此进行民族文化的研究和考察，慢慢地，有一些散客进入，规模较小，当地居民看到发展旅游带来的利益，开始进行自发的参与和零散的经营，并逐渐开发出曼听景点、曼春满风景园等景点。1998 年，由政府主导，引入橄榄坝农场投资开发，1999 年，正式开始运营，村寨是西双版纳境内"活态"展示傣族文化、历史和民族风情的重点景区。依据规模和发展模式可以将其分为两大阶段，即自发发展的萌芽阶段和政府支持、企业参与的发展阶段。第一阶段：20世纪90年代前期，以专家、学者和少量的旅游者为主，这一阶段，主要以专家学者的调研和民族文化研究为主，少量的村寨居民自发地参与、零散地进行食宿等旅游产品的提供，处于初级发展阶段，属于旅游发展的萌芽阶段。第二阶段：20世纪90年代后期，政府大力支持，企业化的运作方式，旅游者大量涌入，企业在旅游开发中占据主导地位，充分吸纳社区居民以开傣家乐、开傣楼、贩卖手工艺品等方式参与旅游活动。第二阶段的发展可被分为开发、发展和巩固阶段，如图6-1所示。

图6-1　傣族园照片

　　傣族园是云南省乃至我国开展民族旅游较早的景区，经历了自发经营旅游的初级发展阶段和企业主导的规模化开发模式，能够较为全面反映改革开放以来我国民族旅游发展的历程，具有典型性和代表性。其所倡导的"公司＋农户"的发展理念，有效推进民族旅游发展、民族文化保护的同时，也存在因为异质利益诉求演化而催生的多种矛盾和因为共同利益追求而展开合作的共赢局面，被民族学、旅游学、人类学等诸多学科的研究者作为个案研究对象。傣族园发展较早，且有着丰富的研究资料，以其为案例，能够将现有资料和实地调研结果进行充分结合，以其发展历程为线索，梳理其利益诉求演化轨迹。

表 6-1　傣族园发展历程

1988 年	开发了"曼听景点"，门票价格为 0.5 元/人
1993 年	4 月，建了"曼春满风景园"；12 月，建起了"勐巴拉纳西王国园林"
1994 年	开发"蝴蝶园"
萌芽阶段，5 个村寨居民意识到发展旅游能够带来经济效益，为游客提供食宿，形成了傣家乐的雏形，居民兼营手工艺品、民族服饰、应季水果、特色小吃等，自发地参与到旅游活动中，规模较小，收益不多；秩序混乱，居民为了拉客降低消费标准，关系紧张。1997 年，村寨旅游发展进入低潮	
1998 年	傣族园由国有橄榄坝农场投资 1000 万元，控股 60% 参与开发；6 月，傣族园公司与景区五寨签订《西双版纳傣族园开发合同》
1999 年	10 月 1 日，傣族园景区开始正式运营，门票价格为团队 10 元，散客 20 元
2000 年	12 月 18 日，广东信益集团与橄榄坝农场签订股份转让合同，农场成为傣族园第一大股东
2001 年	1 月，库宁宜良南羊建筑公司投资 350 万元，成为第二大股东；国家 4A 级旅游景区
2002 年	2 月 9 日，西双版纳《关于进一步加强旅游业管理的若干意见》将傣族园设定为旅游团必到的景点；出台了《西双版纳傣族园管理规定》《西双版纳傣族园风景名胜区管理办法》；公司由于资金短缺，没有及时发放居民土地租金，发生大规模堵门事件；9 月，转换经营模式，实施承包经营，邱永成和范文武承包，走"公司＋农户"的发展模式
开发阶段，由政府牵头，引入企业进行规模化开发，实行市场化的运作方式，确定"公司＋农户"的发展模式	
2003 年	4 月，被评为中国旅游知名品牌

2004 年	门票价格升至 50 元 / 人；被文化和旅游部授予 "生态文明示范村" 称号
2007 年	云南省委宣传部、云南省文明办授予 "和谐文化村" 称号
2008 年	被评为 "中国十大最具影响力风景旅游区" "国际知名旅游景区"
2009 年	"中国最美十大主题公园"；6 月，公司发布《傣族园五寨村民保护民族建筑及传统文化补偿方案》，该方案提出，傣族园景区门票达到 1 600 万元后便分红给各户村民，以提高村民保护传统文化的积极性
2010 年	居民向公司提出门票分成，公司承诺营业收入达到 1200 万元，则返门票的 10% 给居民，公司营业收入未达到 1200 万元（2010 年门票总收入为 21039215 元），则不予返门票；公司没有发放教育补偿金和奖学金，还有几项补偿也没有实施，矛盾出现白热化；5 个寨子不惜重金聘请律师起诉傣族园公司
2011 年	2011 年 6 月，五寨居民联合起来围堵景区公司大门，在政府的协商下，公司与村民达成利益共享协议，明确门票分成的比例；7 月 26 日，《〈西双版纳傣族园开发合同〉补充协议书》出台并提出景区公司在 2015 年 7 月之前对每户居民进行 15000 元的干栏式建筑补助，新建干栏式建筑的村民给予每户 15000 元的补助，佛寺每年 45000 元的补助
2012 年	3 月 1 日，《〈西双版纳傣族园开发合同〉补充协议修改协定》
发展阶段，景区进入快速发展阶段，依靠政府提供的有利政策，企业规模化地开发和市场化地运作，傣族园得到快速发展，但是，由于在起步阶段未对门票分红、文化建筑补贴等事项进行明确而引发矛盾，之后，通过各项协议完善村民的分红和补贴	
2013 年	城投公司进驻傣族园
2014 年	5 月，傣族园门票价格 65 元 / 人
2015 年	出现保持干栏式建筑外观，但是楼高为三层的混凝土建筑
2016 年	游客群体发生变化，出现大量来自重庆、四川的 "候鸟" 型旅游者，村民将土地租卖给外地游客；景区的产品同质化严重，缺少针对度假型游客的产品，衰退迹象出现
巩固阶段，经历快速发展之后，利益主体发生变化，市场规模增长缓慢，且企业与村民之间关于门票分配、建筑补贴达成协议	

6.2.2 石林糯黑村

糯黑石头寨，位于云南省石林县，居民住房特色突出，大部分为天然石材简单堆砌而成，村貌古朴，被誉为 "石头凝固成的村寨"。距石林县城约 30 公里、昆明 93 公里。现有 396 户 1523 人，居住着彝、汉、壮等民族，其中，彝族占全村总人口的 99.8%。先后被列为昆明市文化旅游特色村、昆明市民俗文化生态旅游村、云南省民族民间传统文化保护区、国家级非物质文化遗产阿诗玛文化传承点、石林糯黑彝族文化保护区等，享有多项荣誉。村民基于血缘和族亲而结成社会组织，具有内敛性和封闭性。凭借着特色的石板房民居和浓郁的彝族撒尼文化，糯黑村最先吸引了到此写生的画家、艺术院校的师生以及民族文化研究者（现有云南大学田野调查基地、云南大学艺术与设计学院教学实习基地、昆明一抹光文化艺术写生教学基地、云南民族大学艺术学院写生基地等），每年都有大量的学生和老师来此写生、研究撒尼文化，这些专业性的群体成为糯黑村的固定客源。随着名气的扩大，开始有一些来自昆明和石林的自驾游游客。2000 年开始，政府开始投入资金，进行道路等基础设施建设，截至 2017 年 11 月，政府已经投入 2000 多万的资金，主要用于道路硬化修缮、博物馆的建设修缮、排污管网的建设、公厕的改革、标识牌的安装、集体产权的老房屋修缮（图 6-2）。伴随着糯黑村名气的扩大

图 6-2　糯黑村

和乡村旅游的发展热潮，村民主动投入农家乐的创业之中。目前来看，糯黑乡村旅游的经营主体依然是本地村民，主要形式是提供食、宿、歌舞等文化演出的农家乐。旅游发展落后，产品仅以"食宿"为主，尚没有旅游企业进入开发，也没有村集体旅游经济，村民主要靠农家乐来参与旅游经营，是众多民族村寨旅游早期发展历程的缩影。

6.3 旅游利益演化分析

6.3.1 傣族园旅游利益演化分析

结合傣族园的发展历程，将傣族园的发展分为萌芽阶段（改革开放—1998年）、开发阶段（1999—2002年）、发展阶段（2003—2012年）、巩固阶段（2013年至今），结合文献资料对萌芽阶段、起步阶段、发展阶段的利益诉求进行分析，采用问卷和访谈的方式对现阶段的利益诉求进行分析。

（1）萌芽阶段。改革开放后，五寨村民充分利用资源优势进行旅游开发，开发"曼听景点""曼春满风景区"，吸引了全国各地的游客，村民投入旅游接待中，以"傣家乐"的形式为游客提供餐饮和住宿服务。然而，村寨居民缺乏现代化的管理意识，旅游开发也缺乏统一的管理，为了争夺游客，相互压价，恶性竞争，再加上缺乏服务意识，游客逐渐减少。这一阶段，利益主体为村民和散客。

村民的主要利益诉求来自经济方面，但是，受限于村民的能力，旅游发展规模小，且利益冲突集中在村民内部，而村民内部冲突影响了旅游者的利益，造成村民与游客之间关系的不和谐，旅游发展出现低潮。

（2）开发阶段。1998年，西双版纳州政府作出开发傣族园的决定，期望引入大企业进行规模化开发，实现弘扬傣族民族文化、推进旅游兴州战略、拓展客源市场、提高社会经济发展水平、打造精品旅游景点的目标。同年，广东东莞信益实业有限公司与景洪市人民政府签订协议，之后，开展土地征用工作，并委托华南理工大学建筑学院负责设计工作。10月，景区开工建设，

12 月，信益集团资金周转困难，工程停工。信益集团投资傣族园属于短期行为，用少量资金来套取政府的相关优惠政策，达不到目的之后，急于套现。为了保障傣族园能够在 1999 年世博会之前如期开业，州政府、景洪市政府、勐罕镇政府动员橄榄坝农场参与合股投资建设傣族园。在橄榄坝农场的努力下，傣族园于 1999 年 5 月 4 日开门试营业。橄榄坝农场期望能够树立傣族园的品牌，寻找新的企业盈利。村民之所以同意景区进行开发，也是由于政府和企业许诺了能够在开发中受益，可以被雇佣为景区员工，获得分红，增加客源等。由于未规划好景区如何发展，如何让村民共享开发成果，缺少具体的措施和办法，对村民的承诺未能及时兑现，埋下了冲突的隐患。

（3）发展阶段。傣族园先后被评为中国旅游知名品牌、生态文明示范村、中国十大最具影响力风景旅游区、国际知名旅游景区、中国最美十大主题公园，取得了民俗泼水权，积极进行宣传促销，确立"立足云南、面向全国、走向世界、争创世界民族文化品牌"的目标，获得西双版纳州旅游精品线路定点景区的 A 站政策，2009 年，门票收入 1500 多万元，一年的收入就远远超过过去五寨分散建的小景点、做小生意的 10 年收入之和。在光鲜亮丽的成就、快速的发展规模背后，隐藏着企业和村民之间的矛盾冲突。由于未能兑现分红和补贴的承诺，2010 年，五寨居民聘请律师与景区打官司，2011 年，村民围堵景区大门，政府出面协调，签订《〈西双版纳傣族园开发合同〉补充协议书》，事件得以平息。企业在对民族村寨进行开发的过程中投入了大量的成本，通过收取景区门票的方式收回成本，然而，景区收取门票的行为不但是租用了村民的土地，更是利用了村民的民族文化资源，同时，也给村民的生活带来一定影响。因此，村民期望获得民族文化占用的补偿。

旅游利益诉求现状。依据 2018 年 1 月 23 日至 1 月 31 日的调查情况，通过问卷对傣族园社区居民及游客的利益诉求进行量化分析，通过访谈对政府及企业的利益诉求进行定性分析。

6.3.1.1 傣族园社区居民的利益诉求期望及满足程度

首先，将社区居民的主要利益诉求期望程度按照非常不期望、不期望、一般、期望、非常期望分成五个等级，按照李克特五级量表，分别赋值为 1、

2、3、4、5，根据问卷结果，按照（1m+2n+3x+4y+5z）/15求取每个利益诉求期望的平均值；其次，将社区居民的主要利益诉求的满足程度按照非常不满足、不满足、一般、满足、非常满足分为五个等级，按照李克特五级量表，分别赋值为1、2、3、4、5，根据问卷结果，按照（1m+2n+3x+4y+5z）/15求取每个利益诉求满足程度的平均值；最后，将社区居民各项利益诉求的期望及满足程度的平均值进行对比，得出图6-3。

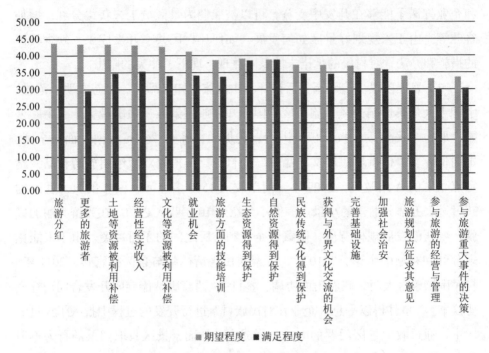

图6-3　傣族园社区居民的利益诉求期望与满足程度对比

通过图6-3，可以发现以下问题。

第一，社区居民利益诉求的期望程度普遍高于诉求的满足程度。通过调查，尽管傣族园的旅游产业发展了很多年，在省内、国内乃至国际都具有一定的知名度，但是，社区居民对于利益诉求的满足程度不高。

第二，社区居民利益诉求期望程度与满足程度差别最大的是与经济相关的因素。比如旅游分红、更多的旅游者、土地等资源被占用的补偿、经营性经济收入等，社区居民的期望较高，但是满足程度较低；尤其是在"更多的旅游者"方面，社区居民期望能够有更多的游客，对现在游客量不满意。通过访谈发现，社区居民对于高铁的开通十分盼望，认为昆明—西双版纳高铁的开通会带来傣族园旅游的新高潮。期望程度与满足程度之间的差别需要引起注意，当社区居民的利益诉求长时间得不到满足时，便容易发生摩擦和冲突。

第三，社区居民利益诉求满足程度较高的是自然及环境因素。比如生态和自然资源得到保护、完善基础设施、加强社会治安，在这些方面，社区居民的期望程度与满足程度之间的匹配度较高，差别较小。

第四，社区居民利益诉求期望程度较低的是与政治相关的参与性因素。比如旅游规划应征求其意见、参与旅游的经营与管理、参与旅游重大事件的决策，同时，社区居民在这些方面的满意度也较低。通过访谈发现，大部分社区居民不清楚公司的发展方向，同时，表示没有能力参与决策，期望了解公司的发展计划，能够实现自身的经济利益。

通过分析，傣族园社区居民的利益诉求期望程度与满意程度差别最大的是经济方面，也是与企业较容易起冲突的地方，其次是政治权益，在环境权益方面的差别较小。现阶段，针对社区居民的利益诉求，应着重解决经济诉求方面的不满意，为社区居民提供了解公司发展计划及表达利益诉求的渠道。

6.3.1.2 傣族园旅游者的利益诉求期望及满足程度

首先，将旅游者的主要利益诉求期望程度按照非常不期望、不期望、一般、期望、非常期望分成五个等级，按照李克特五级量表，分别赋值为1、2、3、4、5，根据问卷结果，按照（1m+2n+3x+4y+5z）/15求取每个利益诉求期望的平均值；其次，将旅游者的主要利益诉求的满足程度按照非常不满足、不满足、一般、满足、非常满足分为五个等级，按照李克特五级量表，分别赋值为1、2、3、4、5，根据问卷结果，按照（1m+2n+3x+4y+5z）/15求取每个利益诉求满足程度的平均值；最后，将旅游者各项利益诉求的期望及满足程度的平均值进行对比，得出图6-4。

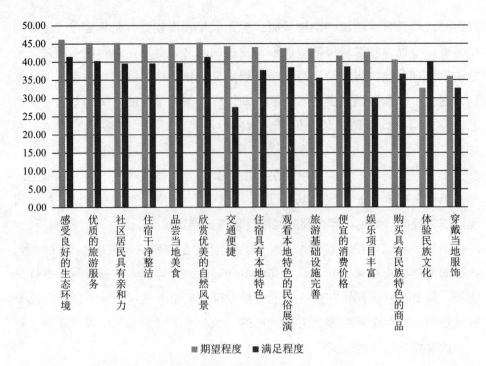

图6-4　傣族园旅游者的利益诉求期望与满足程度对比

通过图6-4，可以发现以下问题。

第一，除体验民族文化之外，旅游者利益诉求的期望程度均高于满足程度。

结合访谈材料，多数游客表示傣族园的社区居民具有亲和力、能够体验当地的民族文化、能够购买具有当地特色的旅游产品（水果干等）、自然环境优美、生态环境良好，整体较为满意，但是基础设施及服务方面还有待提高。传统傣族文化保护较好，建筑样式统一，且外地商户较少，商业化氛围不浓。

第二，旅游者利益诉求期望程度和满足程度差别最大的是交通便捷和娱乐项目丰富。旅游者普遍指出交通不便捷，尤其是从景洪市到傣族园的公交车车次少，且车辆破旧，娱乐项目较少，主要是泼水表演，在西双版纳到处都是这个节目，没有新意。

第三，旅游者对于生态环境的诉求高于对体验文化的诉求。对于旅游者而言，傣族园良好的生态环境非常有吸引力，尤其是近些年"候鸟团"的增多，更加凸显了生态环境的吸引力，而民族文化的吸引力则逐渐被弱化。但是，旅游者期望社区居民亲切友好，通过访谈，旅游者认为对于民族村寨最重要的是社区居民，他们身上体现的是原生态的文化，而民俗表演、旅游商品等都是被包装了的民族文化，千篇一律，没有新意，是商业化了的、失真了的民族文化。因此，期望社区居民亲切友好、品尝当地美食，对于体验民族文化并不期望。而从实际的感受来看，傣族园的民族文化保护较好，反而给了旅游者较高的满意度。

通过分析，良好的生态环境、社区居民的亲和友善是多数旅游者赴傣族园旅游期望能够体验到的，由于傣族园优越的气候条件，再加上傣族园公司对各家各户庭院绿化的重视，游客能够体验到优美的自然环境。同时，由于傣族民族性格的温婉水润，再加上在旅游开发过程中对民族文化的重视，游客也能够感受到傣族的文化以及社区居民的友善。

结合观察及访谈，傣族园目前的游客结构发生了变化，除了常规的"观光客"以外，每年十一以后，有许多来自重庆、四川的退休老人来此过冬，租住社区居民的房屋，直到新年或者新年以后才离去，被称为"候鸟团"。为了配合这些"候鸟团"，社区居民按照酒店标间的形式对自家房屋进行改造，按月租给"候鸟团"，并提供厨房供"候鸟团"使用。然而，针对游客结构、出游动机的变化，傣族园公司尚没有针对性的旅游项目。

6.3.1.3 企业的利益诉求

本人于 2018 年 1 月 24 日下午与傣族园公司民族事务部工作人员、办公室工作人员进行访谈，通过访谈，从公司角度了解傣族园发展过程中面临的一些问题，对企业的利益诉求现状进行描述。总体来说，傣族园景区发展到现在处于较为被动的发展局面。首先，土地价格问题。公司所有的土地是租自村民，只有两亩多的土地属于公司，一旦租约到期，村民不愿续租或者提价都会对公司的经营产生重要影响。目前来看，土地是公司与村民之间产生冲突的焦点之一。公司租用村民的土地有三种价格，第一批是 925 元每亩（最早被征用的土地，每年按照 100 元的价格递增），第二批是 3800 元每亩，第三批是 4500 元每亩，这些价格由于租用时间不一样，其市场价格也不一样。土地使用成本越来越高，且由于原来周边地区种植橡胶导致土地价格上涨，橡胶价格（或者其他经济作物）也影响着村民将土地租给景区的意愿。其次，傣楼的保护问题。傣族园以干栏式建筑保护完好为主要资源吸引物，干栏式建筑风貌构成了傣族园景区主要的景观。然而，由于旅游经济的发展，为了招待更多的游客，满足游客对现代化生活设施的需求，傣族园内已经出现了三层、混凝土结构的傣楼。就目前来看，对于传统的干栏式傣楼，公司提供相应的补贴，每年 15000 元，然而，从传统傣楼修建成本来看，一般在 40 万~50 万元（木料价格上涨）。传统傣楼一般是两层，接待游客规模就减小，对于村民而言，假设增加一间客房，一个月租金 3000 元，一年租出去 6 个月，就可以增加 18000 元的收入。因此，村民从个人的利益出发，选择了三层、混凝土结构的傣楼，但是，新修的傣楼依然保持了傣族建筑的外部特征。在相关补贴较少、缺乏保护标准的情况下，部分村民选择了满足自己的眼前利益。再次，与村民的利益分配问题。利益分配主要体现在两个方面，一方面是景区雇佣村民作为员工，另一方面是关于门票分红。由于景区采用"公司+农户"的发展模式，给村民提供就业岗位和发展机会也是公司的发展要求，有村民想来上班，只要符合职位要求，就会让他们来，并且雇佣员工也会优先考虑村民，这也给公司造成了压力，很多岗位都是闲置的。景区的主要收入来源就是门票，每年还要拿出一部分分给村民，每户差不多能够分到 10000 元左右，加上这两年客源结构的变化，团队游客减少，给公司经营带来了压力。最后，政府的政策支持问题。前些年政府对傣族园的扶持力度还比较大，给泼水节的经营权等，对傣族园的发展起了十分重要的助推作用，但是，这几年，政府的政策支持减少了很多，比如政府在其他村子投入建设资金，没有考虑傣族园，关于十栏式建筑的保护与补贴，政府也没有出台相应的标准进行管理。

综合来看，公司给村民带来了很多的发展机会，主要是通过市场化的经营、现代化的管理、规模化的开发带动旅游业的发展，带来了大量的游客，引导村民经营傣家乐、卖水果干等多途径参与旅游活动，村民所获得的利益多多少少都和旅游的发展有关系，村民属于傣族园内受益最大的群体。然而，公司面对的是 350 户村民，难免会有很多不同的声音，既有肯定的，也有否定的，总体来说，傣族园公司发展 20 年所形成的"公司＋农户"的发展模式还是非常好的，对于提高村民收入、保护傣族文化起着推进的作用。从公司发展来看，处于较为艰难、较为被动的地位，目前对于土地、干栏式建筑保护、利益分配、政府政策支持较为看重，而这些也是企业得到可持续发展的重要保障。从傣族园的发展现状来看，大部分的压力集中在公司方面，与村民的关系比较复杂，干栏式建筑的补贴和门票分红是公司能够制约村民行为的重要工具，双方矛盾主要集中在经济方面，发生堵门、堵路等纠纷都是因为经济利益诉求未能得到满足。

6.3.1.4 政府的利益诉求

本人于 2018 年 1 月 30 日与西双版纳州旅游发展委员会办公室工作人员进行访谈，通过访谈，了解政府方面对于傣族园发展的规划以及其在傣族园发展过程中发挥的作用，对政府的利益诉求进行描述。政府方的利益诉求主要集中在两个方面：一是打造 5A 级景区，二是保护民族文化。首先，打造 5A 级景区。从傣族园的建设背景来看，是在西双版纳州政府高度重视下，推动西双版纳"旅游兴州"战略的重要举措，加上独有的旅游资源优势，起点较高，早在 2001 年就成为国家 4A 级旅游景区，是西双版纳州的知名旅游品牌。然而，经过十几年的发展傣族园依然是 4A 级景区，政府期望傣族园能够发展成为 5A 级景区，增加优质景区的数量，增强西双版纳州旅游发展的竞争力。其次，保护民族文化。傣族园公司在发展旅游的过程中对于傣族的民族文化以及宗教文化进行宣传推广和保护，较好地保存了傣族园干栏式建筑的风貌，起到了良好的社会效果，且减轻了政府对于民族文化保护方面的经济压力。政府期望傣族园公司能够继续发挥其在保护民族文化方面的重要作用。

综合来看，政府期望傣族园能够发展得更好，成为更为优质的旅游景区，同时，充分发挥其在民族文化保护方面的重要作用。社会经济的发展、旅游市场的变化使得政府更多是以服务者的角色出现，而我国社会主义国家的性质决定了共同富裕的发展目标，政府需要对本地区经济发展做综合考量，投入更多的资源和政策在一些社会经济相对落后的地方，因此，对于傣族园所能够投入的资源和政策就较为有限。傣族园作为一个传统的民族文化旅游景区，与村民之间有着复杂的利益关系，面对公司与村民之间复杂的利益关系，政府无法介入过多。

6.3.2 糯黑村旅游利益演化分析

糯黑村由于独特的撒尼文化和石头房子的建筑风格，吸引了一批前来写生的学生和老师，这些学生和老师都住在圭山镇，早上从镇上带些干粮坐车前往糯黑村写生。这些学生和老师构成了糯黑村最早的游客群体，随后，在石林县旅游发展的热潮中，糯黑村逐渐被外地熟悉，有观光散客进入。2005年，村里最早的农家乐彝王宴开门营业，村民和游客之间有了生产关系的交换和利益关系的互动，彝王宴最早只提供餐饮和住宿服务，后来慢慢增加了敬酒表演、婚俗表演、篝火晚会等，这些增加的活动也成为彝王宴吸引游客的重要活动。到2017年12月，糯黑村共有7家农家乐为游客提供吃饭、住宿服务、敬酒表演等。彝王宴在2010年想要整合糯黑村的农家乐资源，实行"客源共享"的发展模式，实现抱团式的规模化发展。由于村民内部的思想不统一、利益分配不均等原因，再加上村民多是以亲缘关系进行小范围内的合作，信任与集体合作的基础尚不具备，这一想法便没有实现。近几年，政府陆陆续续投入资金，进行基础设施的建设，比如厕所、大广场、寨门等，并协助村民进行招商引资工作，期望能够推动糯黑村旅游的发展。糯黑村的游客规模有所扩大，但是，由于缺乏企业化运作和规模化开发，从事旅游经营的依然只是少部分村民。

在萌芽阶段，村民自发以农家乐方式接待游客，获得经济收入，由于游客较少，仅有非常少的一部分村民参与到旅游经营中，由于旅游带来的利益有限，且经营户也较少，没有因为旅游发展而引发矛盾和冲突。2010年以后，政府逐渐投入资金改善糯黑村的村容村貌，并且要求居民新建房子必须用石头为原料，与村子的老房子风貌保持一致。结合糯黑村的旅游发展历程，其目前处于多主体开发阶段。

依据 2018 年 1 月 23 日至 1 月 31 日调查情况，通过问卷对糯黑村社区居民及游客的利益诉求进行量化分析，通过访谈对政府的利益诉求进行定性分析。

6.3.2.1 糯黑村社区居民的利益诉求期望及满足程度

首先，将社区居民的主要利益诉求期望程度按照非常不期望、不期望、一般、期望、非常期望分成五个等级，按照李克特五级量表，分别赋值为 1、2、3、4、5，根据问卷结果，按照（1m+2n+3x+4y+5z）/15 求取每个利益诉求期望的平均值；其次，将社区居民的主要利益诉求的满足程度按照非常不满足、不满足、一般、满足、非常满足分为五个等级，按照李克特五级量表，分别赋值为 1、2、3、4、5，根据问卷结果，按照（1m+2n+3x+4y+5z）/15 求取每个利益诉求满足程度的平均值；最后，将社区居民各项利益诉求的期望及满足程度的平均值进行对比，得出图 6-5。

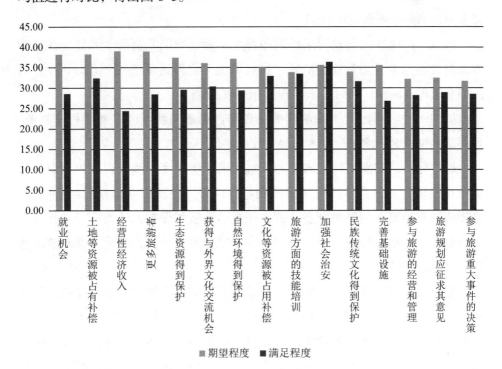

图 6-5 糯黑村社区居民的利益诉求期望与满足程度对比

通过图 6-5，可以发现以下问题。

第一，社区居民利益诉求的期望程度普遍高于诉求的满足程度。与傣族园的情况基本保持一致，整体上看，社区居民的利益诉求未能得到有效满足。

第二，社区居民利益诉求期望程度与满足程度差别最大的是与经济、自然环境、基础设施相关的因素。首先，与经济相关的因素，比如就业机会、更多的旅游者、土地等资源被占用的补偿、经营性经济收入等，社区居民的期望较高，但是满足程度较低，尤其是在"经营性经济收入"方面，社区居民期望能够有更多的渠道参与旅游经营活动中；其次，与自然环境相关的因素，比如生态环境得到保护、自然资源得到保护等，社区居民的利益诉求的期望值在 35 以上，而满足度则不到 30；最后，与基础设施相关的因素，比如完善基础设施。整体上来看，糯黑村社区居民利益诉求的实现程度较低，在很多方面都处于不满足的状态。

第三，社区居民利益诉求的期望程度与满足程度差值最少的集中在旅游方面的技能培训、加强社会治安、民族传统文化得到保护三个方面，社区居民的期望程度不高，同时，满足程度相对较高。

第四，社区居民对于政治相关的参与性因素的利益诉求期望程度较低，且满意度也较低，期望程度和满足程度的差值不大。

通过分析，糯黑村社区居民的利益诉求期望程度与满意程度差别最大的集中在经济方面，当地社区居民的利益诉求首先是围绕着自身的经济收入，希望能够获得更多的经济利益；其次是自然环境的保护，认为应当加强对环境的保护；再次是环境方面，需要进一步完善基础设施；最后是参与旅游规划及管理的积极性不高。

结合傣族园和糯黑村社区居民利益诉求的期望程度和满足程度的对比分析，可以发现：经济因素是最为敏感的神经。相较于傣族园，糯黑村社区居民对于利益诉求的满意程度更低，尤其是在经济、自然环境保护方面；两个村子的社区居民对于参与性利益诉求的期望程度较低；文化保护都不是社区居民的首要诉求，同时，两个村子的文化保护工作都做得比较好，社区居民的满足度相对较高。

6.3.2.2 糯黑村旅游者的利益诉求期望及满足程度

首先，将旅游者的主要利益诉求期望程度按照非常不期望、不期望、一般、期望、非常期望分成五个等级，按照李克特五级量表，分别赋值为 1、2、3、4、5，根据问卷结果，按照（1m+2n+3x+4y+5z）/15 求取每个利益诉求期望的平均值；其次，将旅游者的主要利益诉求的满足程度按照非常不满足、不满足、一般、满足、非常满足分为五个等级，按照李克特五级量表，分别赋值为 1、2、3、4、5，根据问卷结果，按照（1m+2n+3x+4y+5z）/15 求取每个利益诉求满足程度的平均值；最后，将旅游者各项利益诉求的期望及满足程度的平均值进行对比，得出图 6-6。

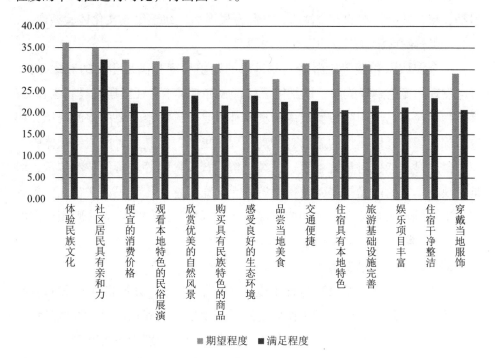

图 6-6　糯黑村旅游者的利益诉求期望与满足程度对比

通过图 6-6，可以发现以下问题。

第一，旅游者利益诉求的期望程度全部高于满足程度。整体上来看，旅游者对于糯黑村旅游的满意程度较低，多数利益诉求得不到满足。

第二，旅游者利益诉求期望程度和满足程度差别最大的是文化因素，其次是环境因素。与文化相关的利益诉求，比如体验民族文化、购买具有民族特色的商品、观看本地特色的民俗展演，糯黑村以彝族撒尼文化作为主要名片，但是缺乏民族文化体验性活动，导致旅游者无法充分感受当地民族文化；与环境相关的利益诉求，比如旅游基础设施完善、欣赏优美的自然风景等。

第三，旅游者利益诉求的期望程度和满足程度差别最小的是社区居民具有亲和力和品尝当地美食。结合访谈，旅游者认为社区居民热情，当地的土鸡和腊肉非常美味，并且价格实惠。

通过分析：糯黑村处于开发阶段，政府提供资金建设了部分基础设施，但是，缺乏社会资本的有效注入，产品开发滞后，缺乏民族文化体验型产品，成为糯黑村发展旅游产业的重要制约因素。

结合傣族园和糯黑旅游者利益诉求的期望程度和满足程度的对比分析，可以发现：无论是傣族园，还是糯黑村，旅游者对于"社区居民具有亲和力"满足程度较高，说明少数民族的善良淳朴也是民族村寨重要的旅游资源；相较于傣族园，赴糯黑村的旅游者的满足程度更低，尤其是对民族文化体验方面，糯黑村虽然也对传统建筑、民风民俗、音乐舞蹈等进行保护和传承，但是，缺乏丰富的产品体现，使得旅游者无法充分感受传统民族文化；赴傣族园的游客对于服务及产品的期望更高，而赴糯黑村的游客则对体验原生态的民族文化期望更高，二者具有差异。

6.3.2.3 政府的利益诉求

笔者于2017年1月12日与石林县圭山镇人大主席（分管旅游）进行访谈，通过访谈，了解政府方面对于糯黑村发展的规划以及其在糯黑村发展过程中的作用。政府方的利益诉求主要集中在两个方面，分别为旅游基础设施的建设和民族文化的保护和传承。在基建方面，政府做出了水质保护，厕所改革，房屋维修、变迁等一系列的项目建设，重点放在环保、住建、水利几个方面，而招商引资上重点落在了农业上，但由于资源上的劣势，招商引资进行得一直不顺利。而在文化的保护和传承上，政府方表示这既是为了发展旅游，也是为了维系文化。当地的农户多数没有发展旅游及维护文化的观念，属于小农经济意识而无市场经济意识，所以迫切需要政府进行引导。当地政府在相关企业引入上做出了一系列的努力，但由于缺少核心竞争力以及经济补贴，在吸引力上有所不足。

综合来看，政府方希望能够更好地挖掘出糯黑村的实际价值，在维护其文化可延续性的基础上，实现其经济价值。在当前的发展阶段，政府扮演的是一种发起人和赞助人的角色。但是基于糯黑村开发较晚，社区居民的文化水平不高以及缺乏核心竞争力等一系列原因，旅游业发展缓慢。

6.4 利益调控机制

6.4.1 傣族园的发展经验分析

在傣族园旅游发展过程中，政府、企业、社区居民、旅游者构成核心利益主体。村民参与旅游活动的具体形式有三种：第一种是以作为傣族园公司员工的方式参与；第二种是以销售各种旅游商品的方式参与；第三种是以经营傣家乐的方式参与。参与旅游活动成为村民重要的收入来源之一，村民的主要诉求集中在经济、文化和环境方面。经济诉求方面，村民通过对发展旅游提高收入抱有期望，主要希望提高土地租金收入、参与旅游经营、进入公司等，2010 年，开始提出门票分成，认为傣族园的文化、建筑、环境等属于其共有的财产，应当以资源入股公司，获得分红和资源补贴；随着橡胶价格的提高，土地租金也不断提高，而公司支付的租金远低于市场水平，村民获得的农业等收入比例增加，旅游收入比例降低；传统的干栏式建筑不舒服且造价高，期望住上现代化的竹楼或者能够有适当的经济补贴。环境诉求方面，在开发早期，村民期望通过发展旅游改善交通、电力等基础设施；随着旅游的发展，旅游所带来的嘈杂和不便，使其态度发生变化。主要集中于利益收入及分配、追求现代化生活和传统文化保护之间的矛盾。公司方面，公司的股东经历三次变更，首先，是橄榄坝农场控股 60% 参与，广东信益集团退出；其次，是宜良南羊建筑公司入股，成为第二大股东；最后，是 2013 年城投公司进驻傣族园。从公司性质而言，主要诉求是经济利益，也就是实现盈利，然而，傣族园的控股公司橄榄坝农场、城投公司均属于国企，又承担了一定的政治任务和社会责任，一直周旋于村民各种各样的利益诉求中，在傣族园景区经营、傣族文化保护等方面起到了重要作用。政府方面，在傣族园发展的早期提供了较多的政策支持和保障，推动了景区的发展，随着西双版纳旅游产业的发展，像万达这类具有国际化特征的引爆型项目更能够为政府的业绩带来亮点，而一些较为贫困村寨的发展更能够起到综合协调的作用，再加上社会经济的发展和旅游市场的变化，政府朝着服务型角色转变，对于傣族园的政策支持减弱，同时，依然期望傣族园在保护民族文化方面发挥重要作用。游客方面，相较于傣族园的民族文化更加倾向于良好的生态环境和优美的自然风光，傣族园的"候鸟型"游客增加，与村民相处时间较多，对于村民是否有亲和力也十分在意。总体来说，游客对于傣族园的满意度较高。

从傣族园的发展过程来看，由于各个核心利益主体利益诉求的摩擦与重叠，在不同阶段都面临着矛盾和冲突，关于经济方面的利益纠纷最多，主要纠纷集中在土地、分红等方面。从傣族园的发展经验来看，民族村寨旅游利益的调控可以从以下几个方面展开。第一，明确政府的角色和定位。政府应当充当市场的监管者、冲突的调停人、自然及文化的保护者。较早地介入旅游地发展的市场监管十分必要，在傣族园的萌芽阶段，如果能够对市场进行规范，能够为其后来的起步打下良好的基础。通过市场的有效监管，提供良性的竞争环境，对于树立景区的品牌十分重要。从实际发展过程来看，当村寨旅游进入开发阶段，其萌芽阶段市场不规范的问题能够得到解决。从傣族园的发展过程来看，在发展阶段，居民和企业之间的冲突十分凸显，政府应充当好调停人的角色，站在公正的立场，提供表达利益诉求的渠道，协调村民与企业之间的利益冲突，避免冲突演化成群体性事件。对自然及文化的保护需要政府相关政策的支持，尤其针对现阶段傣族园内三层、混凝土结构傣楼的出现，政府应及时出台相应的政策对傣楼的改造加以管理和引导。第二，做好与村民的沟通工作。沟通在民族村寨旅游发展过程中十分重要，主要是企业与村民、政府与村民之间的沟通。作为利益共同体，企业应当将景区的发展规划告诉村民，并征求其意见，建立企业跟村民定期沟通的机制，将涉及村民利益的事项（比如门票收入、土地开发、员工雇佣等）及时告知村民。政府应当向村民提供表达利益诉求的渠道，听取村民的意见，协助村民解决旅游发展中的问题，同时，也及时将有关政策向村民宣讲。第三，认真甄选投资企业。从傣族园的发展历程来看，在起步阶段，未能甄选好开发企业，导致景区建设一度停工，幸运的是，橄榄坝农场注资入股，才得以继续建设、开门营业。在起步阶段，对企业的甄选十分重要，其决定了后期开发的成败，要选择有资金实力、旅游投资及管理经验的企业。第四，一定要重视旅游市场的发展规律，积极创新。结合市场发展变化提供相应的产品和服务是获得可持续发展的关键，目前，游客结构的变化也给企业的经营带来了压力，是企业亟须重视的地方，要针对游客的变化提供适应市场需求的产品和服务，拓展门票以外的收入渠道十分迫切。

6.4.2　糯黑村的发展经验分析

糯黑村的旅游开发处于起步阶段，核心利益主体主要包括游客、社区居民、政府，虽然政府一直在做着招商引资的工作，社区居民也期望能够有企业帮助其发展旅游业，也曾经有企业到糯黑村进行考察，或者是组织活动，但是，尚没有企业进行投资开发。

截至 2017 年 11 月，政府已经投入 2000 多万元的资金，主要用于道路硬化修缮、博物馆的建设修缮、排污管网的建设、公厕改革和标识牌安装、集体产权的老房屋修缮。村民是伴随着糯黑村名气的扩大和乡村旅游的发展热潮投入旅游发展中的，属于少数群体，大部分村民依然以种烤烟或者其他作物为主要经济来源。目前来看，糯黑村乡村旅游的经营主体依然是本地村民，主要形式是提供食、宿、歌舞等文化演出的农家乐。糯黑村村民参与旅游的方式有三种：①自主经营农家乐，比如彝王宴；②被农家乐主雇佣为员工，糯黑村的农家乐多数是家庭经济，只有彝王宴这种规模较大的在旺季才会雇工，其他是平时有要看表演的游客，也会临时雇村里会唱歌、会乐器的村民；③向农家乐提供土鸡、土鸡蛋、土猪等原材料。从糯黑村旅游的发展来看，由于旅游业规模较小，带来的利益也较少，经营户之间通过市场机制调节彼此的利益，各主体之间的矛盾和冲突较少。现有发展问题集中在两个方面，一是传统建筑的保护问题。政府要求村民对传统的"石头房"进行保护，新建的房屋也必须盖石头房，然而由于石头房造价高，部分村民以在砖瓦房外贴石头片的方式节省成本，还有部分村民直接盖成了其他样式的房子。村民表示，如果没有相应的补贴，旅游业发展不起来，无法带来实际的经济收入，石头房的风貌很有可能会丧失。二是引入企业协助发展的问题。村民及政府对于糯黑村发展旅游业都是充满期待的，他们认为，糯黑村有着独特的彝族撒尼文化，还有着石头房独特的建筑风貌，具有发展旅游的资源优势。但是，政府资金有限且不能作为开发主体，调查发现，糯黑村村民对可邑小镇持羡慕态度，认为可邑小镇资金、开发和管理能力都不足，因此，企业进入能够帮助糯黑村旅游发展。根据景区发展来看，有大量的游客，得益于企业化的开发。

从糯黑村的发展经验来看，少数民族村寨旅游利益的调控可以从以下几个方面展开。第一，成立旅游合作社。旅游合作社能够将分散在村民手中的旅游资源、经济能力、政治权利等集合起来，实现对资源及能力的有效整合，从而使民族村寨在旅游开发过程中，能够实现资源的有效利用，也能够使村民在与政府、企业进行谈判时能够掌握更多的话语权。第二，做好旅游资源的开发工作。民族文化是少数民族村寨进行旅游开发的基础，有了基础，还要运用旅游产业运作的模式和思路对旅游资源进行开发，加工成满足旅游者需求的旅游产品及服务，为提高少数民族村寨旅游经济收入提供条件，同时，也通过优秀旅游产品的打造提高村民对文化保护的积极性。第三，做大"利益蛋糕"，给予村民更多参与渠道和机会。通过宣传、引入社会资本等多种方式和途径，进一步扩大现有市场规模，完善旅游产业链，提高旅游者的消费额，给村民提供参与旅游利益分配的渠道和机会，改善村民的经济生活条件，同时，为民族文化保护提供支撑。

6.5 本章小结

本章主要对傣族园和糯黑村进行案例对比分析，通过分析得出以下结论。

（1）社会资本的引入能够帮助民族村寨打破旅游开发的天花板，进入快速发展阶段。结合傣族园和糯黑村的案例，政府的介入帮助村寨旅游进入开发阶段，如果缺少社会资本的帮助，村寨很难打破"内源式"发展的路径依赖。企业作为社会资本的主体，代表着大量的发展资金、市场化的运营和规范化的管理，能够推动少数民族村寨旅游快速发展，在萌芽或者开发阶段，无论是政府，还是社区居民，都非常期望引入企业。与此同时，企业的逐利性可能会导致忽视社区居民的利益和传统文化的保护，因此，对企业的甄别和培育对于村寨旅游开发十分重要，社区居民必须依靠法律来保障自身的合法权益。

（2）对于社区居民而言，经济利益的诉求一直是最主要的诉求。结合理论研究，随着旅游的发展，社区居民的利益诉求由经济转向多元综合，社区参与等社会性权益成为其主要诉求。通过案例的分析，即使到了旅游发展的成熟阶段，社区居民主要还是期望能够提高经济收入，与此同时，参与或了解本地区旅游发展成为其潜意识的利益诉求。进一步分析，社区居民的经济收入已经远远高出周边非旅游村寨，对收入的需求由底线型进入到发展型，且缺乏参与旅游公共事务的渠道和能力，导致其参与性的诉求不明显。

（3）萌芽阶段的利益冲突能够通过进入开发阶段得到缓解。结合傣族园案例，政府和企业的介入自然而然地解决了村寨由于自发发展而引发的"市场混乱、居民强行拉客、关系紧张"等问题，形成规范的市场制度，但是，开发阶段的冲突却不能够通过进入发展阶段而化解，如果开发阶段的冲突得不到有效解决，进入发展阶段会进一步恶化，发展、巩固阶段同开发阶段，也会进一步恶化。

第7章　研究结论、创新与展望

7.1 研究结论

通过对少数民族村寨旅游利益演化进行剖析，结合案例研究，本研究指出旅游的发展促使利益主体多元化、利益分化加深，且伴随着少数民族村寨旅游发展规模的变化，利益主体与利益诉求也发生着变化和调整，而与其演化过程相适应的利益协调机制未能及时建立，导致利益格局的失衡，并由此而引发利益冲突。少数民族村寨旅游利益演化遵循着"新的利益主体和诉求—利益结构不平衡—冲突—博弈和调控—利益结构均衡—新的利益主体和诉求"的循环模式。具体来说，本研究的主要结论体现在三个方面。

第一个方面，旅游利益的表现并非一成不变，而是随着少数民族村寨旅游的发展呈现出周期性的变化特征，其在不同阶段的利益主体和利益诉求都有所差异。

（1）少数民族村寨旅游的演进是不同利益主体在追求各自利益基础上而展开博弈的过程，不同主体的利益博弈决定了村寨旅游发展的走向，而村寨旅游的演进也影响着利益主体及其利益诉求。

（2）利益主体趋向多元。在不同发展阶段，各群体在权力和利益方面存在差异，导致利益主体不一致。在萌芽阶段，社区居民和旅游者属于核心利益主体；进入到开发阶段及以后，社区居民、旅游者、政府和企业共同成为核心利益主体，且具有稳定性；核心利益主体的演化路径有两种情况："社区居民＋旅游者→社区居民＋旅游者＋政府→社区居民＋旅游者＋政府＋企业"

或者"社区居民＋旅游者→社区居民＋旅游者＋政府＋企业"。伴随着利益主体的演化，旅游发展规模壮大，村寨旅游从"内源式"的自发发展走向内源、外源式共同推进的"自发＋他推"发展模式。

（3）利益诉求由单一到多样。少数民族村寨旅游利益诉求可以被分为经济、文化、环境、政治及其他四类，伴随着旅游的发展，呈现出以经济利益诉求为主，由单一到多样的变化特征。各主体的利益诉求始终以发展为核心，从单纯地追求经济利益到追求经济、文化、环境、政治等综合利益转变；社区居民的利益诉求具有层次性，从生存型向发展型转变；政府的利益诉求围绕政绩要求发生变化，从发展产业转向为人民群众幸福生活服务；企业的利益诉求始终以经济为主，对利益关系的维护越来越重视；旅游者的主要诉求是体验民族文化，从猎奇性的观光需求转到重视产品及旅游服务；学者等社会公众没有直接的利益诉求，但是其对少数民族村寨旅游发展的影响逐渐增强。

第二个方面，利益主体的增多以及利益诉求的变化打破了原有的利益均衡，为利益冲突的产生创造了条件。利益冲突是各利益主体为实现自身利益诉求而进行的博弈，伴随着少数民族村寨旅游发展也呈现出不同特征，本研究运用动态博弈模型分析各主体在不同阶段的利益博弈演化策略。

（1）从少数民族村寨旅游的冲突来看，以经济利益的冲突为主，冲突产生的原因主要来自产权制度的缺失、文化资源的有限性、参与机制的不健全等方面，属于不涉及核心价值的对抗，冲突不会导致双方关系的完全破裂，但是会影响到系统结构的稳定。

（2）不同阶段的主要利益冲突不同，其博弈策略也不同。在萌芽阶段，主要矛盾集中于社区居民与旅游者之间，冲突表现为市场规范缺失下的"诚信—投诉"行为的博弈，最优策略集合为社区居民诚信经营，旅游者不投诉。在缺少市场管理制度的前提下，受市场经济驯化，社区居民很可能为了获得自身利益最大化而不诚信经营，引起旅游者的不满意。

在起步阶段，主要矛盾集中于社区居民、政府、企业三者之间，冲突表现为资源开发背景下"讨价还价"行为的博弈，最优策略集合为政府持公正立场，旅游企业多投资，社区居民配合旅游开发。

在发展阶段，主要矛盾集中于社区居民与企业之间，冲突表现为分配制度不完善下的"独占—抗争"行为博弈，最优策略集合为政府持公正立场，旅游企业分享利益，社区居民积极参与旅游活动。

在巩固阶段，主要矛盾集中于传统民族文化保护与旅游商业化之间，冲突表现为文化保护政策缺失下的"传统—异化"行为的博弈，最优策略集合为政府引导文化保护，社区居民传承传统文化。

在衰退阶段，主要矛盾是少数民族村寨旅游与市场发展不匹配，冲突表现为旅游市场变化背景下"创新—满意"行为的博弈，最优策略集合是旅游企业积极创新，旅游者获得满意的旅游体验。

第三个方面，一种固定的利益调控策略是难以持续的，必须针对不同阶段主要的利益冲突，结合利益主体之间的博弈行为，进行有梯度的制度建设。

（1）少数民族村寨旅游利益的调控是一个动态的过程。调控要以不同阶段的核心冲突为切入点，坚持公正平等、利益共享、统筹兼顾、协商民主的原则，在政府主导下，吸纳社区居民、企业和社会公众，充分发挥经济、政治、法律、道德的重要作用，建立并完善相应的制度，优化少数民族村寨旅游发展路径，实现可持续发展。

针对萌芽阶段市场不规范所引发的冲突，制定市场管理标准，通过规范市场秩序、提高社区居民的旅游服务及技能水平，建立规范的市场制度，为少数民族村寨旅游业的进一步发展打下良好的基础。由于该阶段冲突规模较小，且主要发生于社区居民和旅游者之间，当政府介入，进入开发阶段之后，利益冲突会自然化解。

针对开发阶段关于资源开发产生的利益冲突，政府要发挥中间人的重要作用，建立表达利益诉求的渠道，推进各主体进行利益协调，完善旅游资源的产权制度，借助法律方式完善各项合作协议，强化对政府的利益约束制度，确保政府的公正立场。建立多主体的协商制度，推动利益博弈朝最优策略方向发展。该阶段的冲突如果不能得到有效解决，在少数民族村寨旅游进入发展阶段会出现恶化的情形。

针对发展阶段关于分配问题产生的利益冲突，通过拓展收入渠道，为利益分配提供支撑，借助法律等手段维护社区居民的合法利益，建立公正高效的旅游利益分配制度，维护村寨旅游的和谐发展。利益分配制度的有效建立与开发协商制度密切相关，在建设沟通渠道、完善资源权属等方面一脉相承。

针对巩固阶段关于文化保护产生的利益冲突，政府提供持续性的文化保护标准，引导社区居民对传统民族文化进行创造性的传承，企业结合旅游资源使用情况提供相应的补贴及奖励，同时，充分发挥学者、媒体作为外部协调人的重要作用。通过多方力量的配合，形成民族文化保护制度，保证村寨旅游资源的可持续性。对民族文化进行有效保护为村寨旅游创新发展提供资源基础。

针对衰退阶段关于发展规模下降产生的冲突运用经济和行政手段来调整利益关系，政府提供鼓励创新的政策支持，企业发挥市场主导作用，社区居民积极配合，同时，利用学者在旅游产业转型升级方面的研究，通过多方力量的配合，形成旅游市场创新制度，实现旅游可持续发展。

（2）制度的构建是一个连续体。每个阶段的制度建设不是孤立的，与少数民族村寨旅游发展环境、前一个阶段发展成果密切相关，并且该制度的建设与完善影响着下一制度的建设。市场管理制度、旅游开发协商制度、旅游利益分配制度、民族文化保护制度、市场创新制度是彼此相互关照的，市场制度的规范为村寨旅游发展打下良好的基础，有利于企业的进入，开发协商制度建立的利益沟通渠道为多主体之间的利益协商提供基础，利益分配制度为文化保护提供资金等支持，只有保护好民族文化才能够实现市场的创新，创新不是一蹴而就，必须以发展的成果为基础。

7.2 研究创新

本研究旨在解决少数民族村寨旅游发展过程中由于利益交叠和摩擦而引发的利益冲突问题，推进少数民族村寨旅游可持续发展，通过对少数民族村寨旅游利益演化规律的探寻，寻求利益调控措施，解决少数民族村寨旅游发展过程中的矛盾和冲突，主要的创新点体现在以下方面。

（1）丰富了少数民族村寨旅游研究的相关理论。主要观点包括：少数民族村寨旅游是发生在少数民族聚集的区域，以少数民族的"异质文化"为主要吸引物，通过旅游活动的开展满足旅游者需求、促进地区社会经济发展、保护少数民族传统文化的过程；少数民族村寨旅游在发展过程中，受到来自村寨内部及社会发展等多方面因素的共同影响，呈现出不同的演进形态，总体趋势是随旅游产业规模的扩大由探索性的自发发展转向"自发＋他推"模式发展；不同群体的利益博弈决定了少数民族村寨旅游发展的走向，而少数民族村寨旅游的演进也同时影响不同利益主体及其利益诉求。

（2）突破以往对少数民族村寨旅游利益主体、利益诉求及利益冲突的静态分析，结合实践线索通过博弈分析方法探讨少数民族村寨旅游利益演化。主要观点包括：利益主体与利益诉求演变是导致少数民族村寨旅游冲突产生的首要原因，在不同的旅游发展阶段，利益主体与利益诉求不同，旅游冲突的形式与内容也不同；多主体开发是拓展旅游发展规模的主要路径，对旅游利益演化产生正反馈，推动利益在既定系统内发生演化，形成路径依赖；社区居民在利益关系中居于核心地位，其利益诉求呈现出"以经济利益诉求为主，由单一到多样"的演化特征；在政府主导下，通过多主体参与、对利益诉求科学引导、对制度合理完善可以有效解决利益冲突，保证利益结构演化的稳定性。

（3）以少数民族村寨作为研究对象，验证并丰富了旅游地生命周期理论。主要观点包括：少数民族村寨作为微观的旅游目的地，尽管其发展模式不同，但可以发展规模为参照发现特定的周期和过程；少数民族村寨旅游发展路径依赖特征显著，旅游资源丰富、社会经济相对落后、村民旅游接待能力不足制约了发展早期的规模扩大，必须借助外部力量才能实现旅游效益的可持续增长；对利益的追逐是少数民族村寨旅游发展的动力支撑，每一个发展阶段的出现取决于村寨旅游活动前的初始状态和上一个阶段的成果输入，而利益冲突是阶段推移中的必然产物，可通过制度设计打破路径依赖的局限，实现少数民族村寨旅游的可持续发展。

7.3 研究展望

本研究对少数民族村寨旅游利益的演化进行分析，描绘了不同阶段旅游利益主体、利益诉求及矛盾冲突演化的特征，提出了相应的利益调控措施，对利益相关者理论、旅游地生命周期理论、冲突及演化等理论有所丰富和创新，为解决少数民族村寨旅游利益冲突提供相应的建议和参考，但是仍然存在较大的研究空间，未来可以从以下方面进行拓展。

（1）少数民族村寨各利益主体内部的利益分异演化。本研究将政府、社区居民、企业、旅游者作为无差异的抽象主体，主要分析各主体的利益诉求与主体之间的利益冲突演化。伴随着旅游的发展，各主体内部出现利益分异的现象，这种内部分异影响着利益结构的稳定性。未来可从演化的视角，对各利益主体内部的利益分化展开研究，探讨主体内部利益冲突对村寨旅游发展的影响，并提出对应性的解决措施。

（2）少数民族旅游利益演化的空间分异研究。本研究借助生命地周期及演化理论，结合少数民族村寨旅游发展的现实情况，以旅游产业发展规模为参照，构建了利益演化的时间坐标轴，分析了利益的时间演化。在旅游资源、发展政策、基础条件等不同的因素情况下，空间因素如何影响旅游利益的演化，呈现出怎样的规律和变化，需要对少数民族旅游利益演化的空间分异进行研究。

（3）少数民族村寨旅游利益诉求结构演化测度研究。本研究将少数民族村寨旅游利益诉求分为经济、文化、环境、政治及其他四种类型，依据文献资料及实地调查，对利益诉求进行定性归纳，仍不够全面。未来，可结合利益诉求的不同维度，采用定量的研究方法，对利益诉求的结构演化进行测度。

附　件

附件1：云南省民族村寨旅游利益相关者专家问卷

尊敬的女士、先生：

非常感谢您参与本次调查！现针对少数民族村寨旅游发展过程中的利益相关者进行主题调研，请您结合云南省民族村寨旅游发展的实际情况，从专家的角度对不同发展阶段中的利益相关者进行评价。以下是对发展阶段及利益相关者判定标准的说明。

1.1 民族村寨旅游发展的历程

（1）第一阶段：萌芽阶段。即自发发展阶段，少量旅游者进入该地，个别居民的个人利益觉醒，通过提供食宿等服务满足旅游者的需求，获得了相应的收入，尚未出现专门化的旅游设施。

（2）第二阶段：开发阶段。在政府主导下开始进行有组织的有规模的开发，基础设施不断完善，引入管理企业，进行市场化运作，出现专门针对旅游者的产品与服务，旅游人数逐渐增多，居民主动参与旅游经营活动，旅游收入增加。

（3）第三阶段：发展阶段。旅游地的知名度扩大，旅游人数呈现快速增长态势，政府逐渐退出旅游地的开发，社区居民与开发企业之间矛盾摩擦增多，居民开始联合起来通过围堵、抗议、法律等方式维护自身利益。

（4）第四阶段：巩固阶段。即稳固发展阶段，旅游业成为该地的支柱产业，旅游人数增速放缓，利益诉求由经济为主转向多元综合，各方利益主体形成稳定的协商合作关系。

（5）第五阶段：衰退阶段。受政策、市场等外部环境影响，或者旅游地未能形成良好的协作关系，引发旅游地衰退，如果能够采取适当的策略，将会迎来新的发展。

1.2 民族村寨旅游利益相关者判定标准

（1）利益贡献度：谁对旅游地利益的贡献最大，依据贡献度的大小打分。

（2）利益享有度：谁在旅游地的发展中获得的利益最大，依据利益实际享有情况打分。

（3）发展影响度：谁对旅游地发展产生影响，依据影响力进行打分。

本人承诺：本调查仅供本人博士论文写作使用，并严格遵守匿名原则。

1.3 萌芽阶段

自发发展阶段，少量旅游者进入该地，个别居民的个人利益觉醒，通过提供食宿等服务满足旅游者的需求，获得相应的收入，尚未出现专门化的旅游设施。

1.3.1 对于民族村寨旅游发展的利益贡献度

社区居民	1	2	3	4	5	6	7
旅游者	1	2	3	4	5	6	7
政府	1	2	3	4	5	6	7
企业	1	2	3	4	5	6	7
专家学者	1	2	3	4	5	6	7
媒体	1	2	3	4	5	6	7
NGO	1	2	3	4	5	6	7

1.3.2 对于民族村寨旅游发展的利益享有度

社区居民	1	2	3	4	5	6	7
旅游者	1	2	3	4	5	6	7
政府	1	2	3	4	5	6	7
企业	1	2	3	4	5	6	7
专家学者	1	2	3	4	5	6	7
媒体	1	2	3	4	5	6	7
NGO	1	2	3	4	5	6	7

1.3.3 对民族村寨旅游发展的影响度

社区居民	1	2	3	4	5	6	7
旅游者	1	2	3	4	5	6	7
政府	1	2	3	4	5	6	7
企业	1	2	3	4	5	6	7
专家学者	1	2	3	4	5	6	7
媒体	1	2	3	4	5	6	7
NGO	1	2	3	4	5	6	7

1.4 开发阶段

在政府主导下开始进行有组织的有规模的开发，基础设施不断完善，进行市场化运作，出现专门针对旅游者的产品与服务，旅游人数逐渐增多，居民主动参与旅游经营活动，旅游收入增加。

1.4.1 对于民族村寨旅游发展的利益贡献度

社区居民	1	2	3	4	5	6	7
旅游者	1	2	3	4	5	6	7
政府	1	2	3	4	5	6	7
企业	1	2	3	4	5	6	7
专家学者	1	2	3	4	5	6	7
媒体	1	2	3	4	5	6	7
NGO	1	2	3	4	5	6	7

1.4.2 对于民族村寨旅游发展的利益享有度

社区居民	1	2	3	4	5	6	7
旅游者	1	2	3	4	5	6	7
政府	1	2	3	4	5	6	7
企业	1	2	3	4	5	6	7
专家学者	1	2	3	4	5	6	7
媒体	1	2	3	4	5	6	7
NGO	1	2	3	4	5	6	7

1.4.3 对民族村寨旅游发展的影响度

社区居民	1	2	3	4	5	6	7
旅游者	1	2	3	4	5	6	7
政府	1	2	3	4	5	6	7
企业	1	2	3	4	5	6	7
专家学者	1	2	3	4	5	6	7
媒体	1	2	3	4	5	6	7
NGO	1	2	3	4	5	6	7

1.5 发展阶段

　　旅游地的知名度扩大，旅游人数呈现快速增长态势，政府逐渐退出旅游地的开发，社区居民与开发企业之间矛盾摩擦增多，居民开始联合起来通过围堵、抗议、法律等方式维护自身利益。

1.5.1 对于民族村寨旅游发展的利益贡献度

社区居民	1	2	3	4	5	6	7
旅游者	1	2	3	4	5	6	7
政府	1	2	3	4	5	6	7
企业	1	2	3	4	5	6	7
专家学者	1	2	3	4	5	6	7
媒体	1	2	3	4	5	6	7
NGO	1	2	3	4	5	6	7

1.5.2 对于民族村寨旅游发展的利益享有度

社区居民	1	2	3	4	5	6	7
旅游者	1	2	3	4	5	6	7
政府	1	2	3	4	5	6	7
企业	1	2	3	4	5	6	7
专家学者	1	2	3	4	5	6	7
媒体	1	2	3	4	5	6	7
NGO	1	2	3	4	5	6	7

1.5.3 对民族村寨旅游发展的影响度

社区居民	1	2	3	4	5	6	7
旅游者	1	2	3	4	5	6	7
政府	1	2	3	4	5	6	7
企业	1	2	3	4	5	6	7
专家学者	1	2	3	4	5	6	7
媒体	1	2	3	4	5	6	7
NGO	1	2	3	4	5	6	7

1.6 巩固阶段

稳固发展阶段，旅游业成为该地的支柱产业，旅游人数增速放缓，利益诉求由经济为主转向多元综合，各方利益主体形成稳定的协商合作关系。

1.6.1 对于民族村寨旅游发展的利益贡献度

社区居民	1	2	3	4	5	6	7
旅游者	1	2	3	4	5	6	7
政府	1	2	3	4	5	6	7
企业	1	2	3	4	5	6	7
专家学者	1	2	3	4	5	6	7
媒体	1	2	3	4	5	6	7
NGO	1	2	3	4	5	6	7

1.6.2 对于民族村寨旅游发展的利益享有度

社区居民	1	2	3	4	5	6	7
旅游者	1	2	3	4	5	6	7
政府	1	2	3	4	5	6	7
企业	1	2	3	4	5	6	7
专家学者	1	2	3	4	5	6	7
媒体	1	2	3	4	5	6	7
NGO	1	2	3	4	5	6	7

1.6.3 对民族村寨旅游发展的影响度

社区居民	1	2	3	4	5	6	7
旅游者	1	2	3	4	5	6	7
政府	1	2	3	4	5	6	7
企业	1	2	3	4	5	6	7
专家学者	1	2	3	4	5	6	7
媒体	1	2	3	4	5	6	7
NGO	1	2	3	4	5	6	7

1.7 衰退阶段

受政策、市场等外部环境影响，或者旅游地未能形成良好的协作关系，引发旅游地衰退，如果能够采取适当的策略，将会迎来新的发展。

1.7.1 对于民族村寨旅游发展的利益贡献度

社区居民	1	2	3	4	5	6	7
旅游者	1	2	3	4	5	6	7
政府	1	2	3	4	5	6	7
企业	1	2	3	4	5	6	7
专家学者	1	2	3	4	5	6	7
媒体	1	2	3	4	5	6	7
NGO	1	2	3	4	5	6	7

1.7.2 对于民族村寨旅游发展的利益享有度

社区居民	1	2	3	4	5	6	7
旅游者	1	2	3	4	5	6	7
政府	1	2	3	4	5	6	7
企业	1	2	3	4	5	6	7
专家学者	1	2	3	4	5	6	7
媒体	1	2	3	4	5	6	7
NGO	1	2	3	4	5	6	7

1.7.3 对民族村寨旅游发展的影响度

社区居民	1	2	3	4	5	6	7
旅游者	1	2	3	4	5	6	7
政府	1	2	3	4	5	6	7
企业	1	2	3	4	5	6	7
专家学者	1	2	3	4	5	6	7
媒体	1	2	3	4	5	6	7
NGO	1	2	3	4	5	6	7

附件2：民族村寨旅游社区居民利益诉求调查问卷

尊敬的女士、先生：

您好，我们是云南大学研究团队，为了全面了解云南民族地区旅游地各方利益诉求与可持续发展情况，我们特邀您参与此项调查。本次调查将采取不记名的方式，所得结果仅用于学术研究，我们将对您的回答给予保密，期待能收到您填写的完整问卷，谢谢！

第一部分：基本信息

1. 您的民族是（填空）：_____族

2. 您的性别：

○ 女　　　　　　○ 男

3. 您的年龄：

○ 18 岁以下　　　　　　○ 18—24 岁

○ 25—45 岁　　　　　　○ 46—60 岁

○ 60 岁以上

4. 您的受教育程度：

○ 小学及以下　　　　　　○ 初中（包括技工）

○ 高中（包括职高、中专）

○ 大学专科（包括电大、职大、函授、夜大等）

○ 大学本科及以上

5. 参与旅游基本情况（填空）：

家庭成员数量		直接参与旅游活动的人数（如提供住宿、餐饮、导游、购物、演艺、原材料供应等服务）	
家庭年收入（元）		每月参与旅游活动收入占总收入的比例（%）	

6. 您是否支持当地开展旅游开发活动（单选）：

○ 十分支持　　　○ 支持　　　　○ 不支持

7. 您是否愿意参与到当地旅游发展活动中（单选）：

○ 十分愿意　　　　○ 愿意　　　　　　○ 不愿意

8. 您是否了解当地旅游发展相关政策（单选）：

○ 十分了解　　　○ 了解不全面　　　○ 完全不了解

9. 当地政府在制定相关旅游政策前向您征询意见情况（单选）：

○ 经常征询　　　○ 偶尔征询　　　　○ 从未征询过

10. 当地旅游发展是否提高了您的家庭收入（单选）：

○ 有所提高　　　　○ 无影响

第二部分：利益诉求

	1. 非常不期望	2. 不期望	3. 一般	4. 期望	5. 非常期望
经营性经济收入	○	○	○	○	○
就业机会	○	○	○	○	○
土地等资源被占用补偿	○	○	○	○	○
文化等资源被利用补偿	○	○	○	○	○
旅游分红	○	○	○	○	○
更多的旅游者	○	○	○	○	○
旅游方面的技能培训	○	○	○	○	○
完善基础设施	○	○	○	○	○
加强社会治安	○	○	○	○	○
民族传统文化得到保护	○	○	○	○	○
获得与外界文化交流的机会	○	○	○	○	○
生态资源得到保护	○	○	○	○	○
自然环境得到保护	○	○	○	○	○
旅游规划应征求其意见	○	○	○	○	○
参与旅游重大事件的决策	○	○	○	○	○
参与旅游的经营和管理	○	○	○	○	○

第三部分：利益诉求满足程度

	1. 非常不满足	2. 不满足	3. 一般	4. 满足	5. 非常满足
经济收入	○	○	○	○	○
就业机会	○	○	○	○	○
土地等资源被占用补偿	○	○	○	○	○
文化等资源被利用补偿	○	○	○	○	○
旅游分红	○	○	○	○	○
更多的旅游者	○	○	○	○	○
旅游方面的技能培训	○	○	○	○	○
完善基础设施	○	○	○	○	○
加强社会治安	○	○	○	○	○
民族传统文化得到保护	○	○	○	○	○
获得与外界文化交流的机会	○	○	○	○	○
生态资源得到保护	○	○	○	○	○
自然环境得到保护	○	○	○	○	○
旅游规划应征求其意见	○	○	○	○	○
参与旅游重大事件的决策	○	○	○	○	○
参与旅游的经营和管理	○	○	○	○	○

您表达利益诉求的渠道有哪些?

附件 3：民族地区旅游地利益诉求旅游者调查问卷

尊敬的女士、先生：

　　您好，我们是云南大学研究团队，为了全面了解云南民族地区旅游地各方利益诉求与可持续发展情况，我们特邀您参与此项调查。本次调查将采取不记名的方式，所得结果仅用于学术研究，我们将对您的回答给予保密，谢谢！

第一部分：基本信息

1. 您来自哪里？ _____
2. 您的性别：
○ 女　　　　　　○ 男
3. 您的年龄：
○ 18 岁以下　　　　　　○ 18—24 岁
○ 25—45 岁　　　　　　○ 46—60 岁
○ 60 岁以上
4. 您的受教育程度：
○ 小学及以下
○ 初中（包括技工）
○ 高中（包括职高、中专）
○ 大学专科（包括电大、职大、函授、夜大等）
○ 大学本科及以上
5. 您的月收入：
○ 2000 元以下　　　　　　○ 2000—5000 元
○ 5001—10000 元　　　　　　○ 10000 元以上

第二部分：您期望

	1. 非常不期望	2. 不期望	3. 一般	4. 期望	5. 非常期望
体验民族文化	○	○	○	○	○
品尝当地美食	○	○	○	○	○
穿戴当地服饰	○	○	○	○	○
欣赏优美的自然风景	○	○	○	○	○
感受良好的生态环境	○	○	○	○	○
观看本地特色的民俗展演	○	○	○	○	○
旅游基础设施完善	○	○	○	○	○
交通便捷	○	○	○	○	○
社区居民具有亲和力	○	○	○	○	○
住宿干净整洁	○	○	○	○	○
住宿具有本地特色	○	○	○	○	○
娱乐项目丰富	○	○	○	○	○
购买具有民族特色的商品	○	○	○	○	○
便宜的消费价格	○	○	○	○	○

第三部分：您期望的满足程度

	1. 非常不满足	2. 不满足	3. 一般	4. 满足	5. 非常满足
体验民族文化	○	○	○	○	○
品尝当地美食	○	○	○	○	○
穿戴当地服饰	○	○	○	○	○
欣赏优美的自然风景	○	○	○	○	○
感受良好的生态环境	○	○	○	○	○
观看本地特色的民俗展演	○	○	○	○	○
旅游基础设施完善	○	○	○	○	○

续表

	1. 非常不满足	2. 不满足	3. 一般	4. 满足	5. 非常满足
交通便捷	○	○	○	○	○
社区居民具有亲和力	○	○	○	○	○
住宿干净整洁	○	○	○	○	○
住宿具有本地特色	○	○	○	○	○
娱乐项目丰富	○	○	○	○	○
购买具有民族特色的商品	○	○	○	○	○
便宜的消费价格	○	○	○	○	○

1. 当您的期望没有得到满足时，您会选择什么行为：

○ 对主管部门投诉；

○ 向亲朋好友抱怨；

○ 在网上发表意见；

○ 其他 _____

参考文献

［1］David Jamison.Tourism and ethnicity: The brotherhood of coconuts［J］. Annals of Tourism Research，1999（4）：944-967.

［2］Pierre L, Berghe D. Marketing Mayas Ethnic Tourism Promotion in Mexico［J］.Annals of Tourism Research, 1995（3）：568-588.

［3］Robes, Yiping L. Ethnic Tourism A Canadian Experience［J］. Annals of Tourism Research，2000（1）：115-131.

［4］郑小虎，刘平.论旅游开发对民族社区文化的影响——以花溪区石板镇镇山村为例［J］.长沙大学学报，2011，25（6）：49-50.

［5］陈刚.多民族地区旅游发展对当地族群关系的影响——以川滇泸沽湖地区为例［J］.旅游学刊，2012，27（5）：94-102.

［6］薛熙明，覃璇，唐雪琼.旅游对恩施土家族居民民族认同感的影响——基于个人生活史的视角［J］.旅游学刊，2012，27（3）：27-35.

［7］孙九霞，陈浩.旅游对目的地社区族群认同的影响——以三亚回族为例［J］.地理研究，2012，31（4）：758-768.

［8］陈修岭.民族旅游中的文化失真与族群认同建构［J］.山东青年政治学院学报，2012，28（6）：121-124.

［9］李强.旅游发展与民族村寨的边界跨越——以云南曼听村与贵州西江村为例［J］.云南社会科学，2012，（4）：19-23.

［10］刘志扬，更登磋.民族旅游及其麦当劳化：白马藏族村寨旅游的个案研究［J］.文化遗产，2012，（4）：53-61.

［11］田敏，撒露莎，邓小艳.民族旅游开发与民族村寨文化保护及传承比较研究——基于贵州、湖北两省三个民族旅游村寨的田野调查［J］.广西民族大学学报（哲学社会科学版），2012，32（05）：36-40.

［12］张华明，滕健.民族村寨旅游开发的CCTV模式——以西双版纳"中缅第一寨"勐景来为例［J］.广西民族研究，2006，26（3）：197-203.

［13］丁健，彭华.民族旅游开发的影响因素及开发模式［J］.中南民族大学学报（人文社会科学版），2002，22（2）：98-101.

［14］李天翼.贵州民族村寨旅游开发模式利益主体诉求及其效度分析［J］.贵州民族大学学报（哲学社会科学版），2016（2）：22-33.

［15］谭志满，刘双燕.近二十年我国民族村寨文化旅游研究进展评析［J］.广西民族研究，2016（05）：149-155.

［16］王伟光.马克思恩格斯关于利益问题的理论探索［J］.中共中央党校学报，1997（4）：28-33.

［17］张溢木.古希腊经济伦理思想探究［D］.南昌：江西师范大学，2009.

［18］张觉.荀子译注［M］.上海：上海古籍出版社，2012.

［19］卫兴华.关于深化对劳动和劳动价值理论的认识问题［J］.经济学动态，2000（12）：9-17.

［20］朱妙宽.马克思的剩余价值理论新探［J］.经济评论，2004（5）：3-9.

［21］王伟光.利益论［M］.北京：中国社会科学出版社，2010.

［22］［捷］奥塔·锡克.经济—利益—政治［M］.北京：中国社会科学出版社，1984.

［23］中国大百科全书·哲学卷［M］.北京：中国大百科全书出版社，1982.

［24］余政.综合经济利益论［M］.上海：复旦大学出版社，1999.

［25］马克思恩格斯选集·第1卷［M］.北京：人民出版社，1995.

［26］王德刚，邢鹤龄.旅游利益论［J］.旅游科学，2011，25（2）：8-15.

［27］吴必虎，余青.中国民族文化旅游开发研究综述［J］.民族研究，2000（4）：85-94.

［28］钟洁，陈飙，杨桂华.中国民族村寨旅游效应研究概述［J］.贵州民族

研究，2005，25（5）：85-90.

[29] 刘婷. 浅论少数民族地区的传统文化和自然生态的保护及可持续发展——来自建设"民族文化生态村"彝族村寨的调查［J］. 楚雄师范学院学报，2002，17（5）：53-58.

[30] 罗永常. 民族村寨旅游开发的政策选择［J］. 贵州民族研究，2006，26（4）：32-37.

[31] 吴其付. 国外民族旅游研究进展［J］. 黑龙江民族丛刊，2007（05）：163-170.

[32] 邓永进. 民族旅游研究［M］. 天津：南开大学出版社，2009.

[33]［美］Cohen E. 东南亚的民族旅游，（Ethnic Tourism in Southeast Asia: the state of the art）［A］.

[34] 杨慧，陈志明，张展鸿. 旅游、人类学与中国社会［M］. 昆明：云南大学出版社，2001.

[35]［美］Edward M, Bruner. 民族旅游. 同一族群，三种场景（Ethnic Tourism：One Group，Three Contexts）［A］.

[36] 光映炯. 旅游人类学再认识——兼论旅游人类学理论研究现状［J］. 思想战线，2002，28（6）：43-47.

[37] 刘晖. 民族旅游开发与非物质文化遗产的保护和传承——以青海互助土族自治县小庄村为例［J］. 中南民族大学学报（人文社会科学版），2013（4）：50-53.

[38] 郭凌，王志章. 论民族地区旅游社区参与主体的培育——以泸沽湖里格岛为例［J］. 广西师范大学学报（哲学社会科学版），2009，45（3）：110-115.

[39] 李忠斌，文晓国. 对民族旅游概念的再认识［J］. 广西民族研究，2012（04）：177-184.

[40] 金颖若. 试论贵州民族文化村寨旅游［J］. 贵州民族研究，2002，22（1）：61-65.

[41] 罗永常. 民族村寨旅游发展问题与对策研究［J］. 贵州民族研究，2003，

23（2）：102-107.

［42］张振华.社会冲突研究中的概念、分类与量化［J］.人文杂志，2016（12）：118-128.

［43］兰尼.政治学［M］.胡祖庆，译.台湾：五南图书出版公司，1990.

［44］霍布斯：《利维坦》，载《西方伦理学名著选译》，商务印书馆，1964.

［45］陆平辉.利益冲突的法律控制［J］.法制与社会发展，2003（2）：53-61.

［46］朱力.中国社会风险解析——群体性事件的社会冲突性质［J］.学海，2009（1）：69-78.

［47］毕天云.社会冲突的双重功能［J］.思想战线，2001，27（2）：113-116.

［48］黄毅峰.社会冲突视阈下"维稳"治理模式的限度分析［J］.中南大学学报（社会科学版），2018，24（2）.

［49］刘易斯·科塞.社会冲突的功能［M］.孙立平，译.北京：华夏出版社，1989.

［50］张卫.当代西方社会冲突理论的形成及发展［J］.世界经济与政治论坛，2007，2007（5）：117-121.

［51］拉尔夫·达仁道夫.现代社会冲突［M］.林荣远，译.北京：中国社会科学出版社，2004.

［52］姜建成.社会冲突的发生机理、深层原因及治理对策［J］.毛泽东邓小平理论研究，2012（2）：44-48.

［53］刘建明.利益冲突型群体性事件的化解之道：协商民主视角的解读［J］.学海，2011（6）：101-105.

［54］张仲涛.利益矛盾冲突中的妥协及其实现条件［J］.江苏社会科学，2007（5）：128-133.

［55］王奇，胡若飞.科塞社会冲突理论对旅游市场建设的启示——《社会冲突的功能》有感［J］.求索，2013（11）：268+54.

［56］许秋起.经济演化理论的嬗变与融合［J］.当代经济研究，2005（3）：

21-26.

[57] 陈道江 . 经济学的新发展：演化经济理论的回顾与展望 [J] . 学海，
2004（01）：155-161.

[58] 贾根良 . 进化经济学：开创新的研究程序 [J] . 经济社会体制比较，
1999（3）：67-72.

[59] 贾根良 . 理解演化经济学 [J] . 中国社会科学，2004（2）：33-41.

[60] 盛昭瀚，蒋德鹏 . 演化经济学 [M] . 上海：上海三联书店，2002.

[61] 贾根良 . 演化经济学：现代流派与创造性综合 [J] . 学术月刊，2002
（12）：13- 19.

[62] 贾根良 . 制度变迁理论：凡勃仑传统与诺思 [J] . 经济学家，1999，5
（5）：62-67.

[63] Dosi G. Sources, Procedures and Microeconomic Effects of Innovation [J] .
Journal of Economic Literature, 1988（26）, 1120-1171.

[64] 门格尔 . 国民经济学原理 [M] . 上海：上海世纪出版集团，上海人民出
版社，2001.

[65] 陈平 . 文明分岔、经济混沌和演化经济动力学 [M] . 北京：北京大学出
版社，2004.

[66] 贾根良 . 演化经济学：经济学革命的策源地 [M] . 太原：山西人民出版
社，2004.

[67] 纳尔逊，温特 . 经济变迁的演化理论 [M] . 北京：商务印书馆，1997.

[68] David P A. Clio and the economics of qwerty [J] . American Economic
Review, 1985, 75（2）：332-337.

[69] Martin R, Sunley P. Path dependence and regional economic evolution [J] .
Journal of Economic Geography, 2006, 6（4）：395-437.

[70] Arthur W B. Increasing Returns and Path Dependence in the Economy [M] .
Michigan：University of Michigan Press, 1994.

[71] North D C. Institutions, Institutional Change and Economic Performance [M] .
Cambridge：Cambridge University Press, 2009.

[72] Hausner J, Jessop B, Nielsen K. Strategic Choice and Path dependency in Post-socialism: Institutional Dynamics in the Transformation Process [M]. Cheltenham: Edward Elgar, 1995.

[73] Martin R. Roepke lecture in economic geography-Rethinking regional path dependence: Beyond lock-in to evolution [J]. Economic Geography, 2010, 86 (1): 1-27.

[74] Martin R, Sunley P. Path dependence and regional economic evolution [J]. Journal of Economic Geography, 2006, 6 (4): 395-437.

[75] David P A. Why are institutions the 'carriers of history'? [J]. Structural Change and Economic Dynamics, 1994, 5 (2): 205-220.

[76] Garud R, Karnøe P. Path creation as a process of mindful deviation. Garud R, Karnøe P. Path Dependence and Creation [M]. London: Psychology Press, 2001 ( ): 1-38.

[77] Lester R. Universities, innovation, and the competitiveness of local economies. A Summary Report from the Local Innovation Systems Project: Phase I. Massachusetts Institute of Technology.

[78] Malmberg A, Maskell P. An evolutionary approach to localized learning and spatial clustering. In: Boschma R, Martin R.The Handbook of Evolutionary Economic Geography. Cheltenham, Edward Elgar, 2010: 391-40.

[79] Boschma R, Frenken K. Some notes on institutions in evolutionary economic geography [J]. Economic Geography, 2009, 85 (2): 151-158.

[80] Alchian A .Evolution and economic theory [J].Journal of Political E conomy, 1950, (58).

[81] 乔根 .W. 威布尔 . 演化博弈论 [M]. 王永钦, 译 . 上海: 上海人民出版社, 2006.

[82] Smith M J. Evolution and the Theory of Games [M]. Cambridge: Cambridge University Press, 1982.

［83］Friedman D. Evolutionary Economics Goes Mainstream：A Review of the Theory of Learning in Games［J］. Journal of Evolutionary Economics，1999，8（4）：423-432.

［84］Gintis H A.Framework for the Unification of the Behavioral Sciences［J］. Behavioral and Brain Sciences，2007，30（1）：1-61.

［85］Vernon H J. Marshall's Scale Economies［J］. Journal of Urban Economics，2003，53（1）：1-28.

［86］贾根良.进化经济学：开创新的研究程序［J］.经济社会体制比较，1999（3）：67-72.

［87］Dosi G .Technological paradigms and technological trajectories［J］.Research Policy，1982（11）.

［88］Pavitt K .Sectoral patterns of technical change：Towards at taxonomy and a theory［J］.Research Policy，1984（13）：14-18.

［89］Abernathy W J, Utterback.Patterns of industrial innovation［J］.Technology Review，1978（7）：30-36.

［90］Mantzavinos C D, North S, Shariq. Learning, institutions and economic performance［J］.Perspectives on Politics，2004（1）：23-25.

［91］［美］安德鲁·肖特.社会制度的经济理论［M］.陆铭，等，译.上海：上海财经大学出版社，2003.

［92］王兆峰，杨琴.技术创新与进步对区域旅游产业成长机理作用与动力机制研究［J］.科技管理研究，2010，30（2）：120-124.

［93］张骁鸣，保继刚.旅游发展与乡村变迁："起点—动力"假说［J］.旅游学刊，2009，24（6）：8-16.

［94］张文.对旅游区生命周期问题的看法［A］孙仲明，等.旅游开发研究论集［C］北京旅游教育出版社，1990.99-108.

［95］Butler R W. Tourism area life cycle［M］. Oxford UK：Good fellow Publishers Limited，2011.

［96］Hovinen G R. Revisiting the destination lifecycle model［J］. Annals of

Tourism Research, 2002, 29（1）: 209-230.

［97］Getz D. Tourism planning and destination life cycle［J］. Annals of Tourism Research, 1992, 19（4）: 752-770.

［98］Priestly G .The Post -Stagnation Phase of the Resort Cycle［J］. Annals of Tourism Research, 1998, 25: 85-111.

［99］Debbage K G . Oligopoly and the Resort Cycle in the Bahamas［J］. Annals of Tourism Research , 1990, 17: 513-527.

［100］Hovinen G.Visitor Cycles: Outlook for Tourism in Lancaster Couty［J］. Annals of Tourism Research, 1982, 9: 570-573.

［101］Priestley G .The Post -Stagnation Phase of the Resort Cycle［J］. Annals of Tourism Research, 1998, 25: 85-111.

［102］Cooper C , Jackson J. Destination Life cycle: The Isle of M an Case Study［J］. Annals of Tourism Research, 1989, 16: 377-398.

［103］Douglas N . Applying the Life cycle Model to Melanesia［J］. Annals of Tourism Research, 1997, 24: 1-22.

［104］Merer-Adrend K.The Grand Isle, Louisiana Resort Cycle［J］. Annals of Tourism Research, 1985, 12: 449-456.

［105］Agarwal S.The the Resort Cycle and Seaside Tourism : an assessment of its applicability and validity［J］. Tourism Management , 1997, 18: 65-73.

［106］Toorman A. Applications of the Life Cycle Model in Tourism［J］. Annals of Tourism Research, 1997, 24: 214-234

［107］Stansfield C . Atlantic City and the Resort Cycle［J］. Annals of Tourism Research, 1978, 5: 238-251.

［108］Haywood K M. Can the Tourist-Area Lifecycle be Made Operational［J］. Tourism M anagement , 1986, 7: 154-167.

［109］张惠, 周春林, 管卫华, 等 . 基于旅游系统的旅游地生命周期问题探讨［J］. 中国软科学, 2004（11）: 142-146.

［110］李军, 陈志钢 . 旅游生命周期模型新解释——基于生产投资与需求分

析［J］.旅游学刊，2014，29（03）：58-72.

［111］鲁小波，陈晓颖，郭迪.基于矛盾论与旅游地生命周期理论的我国自然保护区生态旅游发展阶段研究［J］.干旱区资源与环境，2015，29（03）：188-192.

［112］王进，周坤.基于利益相关者理论的旅游地生命周期研究——以九寨沟为例［J］.首都经济贸易大学学报，2014（5）：109-113.

［113］查爱苹.旅游地生命周期理论的深入探讨［J］.社会科学家，2003（1）：31-35.

［114］杨振之.试论延长旅游地生命周期的模式［J］.人文地理，2003，18（6）：44-47.

［115］尹郑刚.沙漠旅游地生命周期演变研究——以巴丹吉林沙漠为例［J］.经济地理，2011，31（6）：1042-1046.

［116］张建忠，孙根年.山西大院型民居旅游地生命周期演变及其系统提升——以乔家大院为例［J］.地理研究，2012，31（11）：2104-2114.

［117］张立生.旅游地生命周期理论的主要争议辨析［J］.地理与地理信息科学，2013，29（01）：100-104.

［118］杨森林.旅游产品生命周期论质疑［J］.旅游学刊，1996（1）：45-47.

［119］祁洪玲，刘继生，梅林等.旅游地生命周期理论争议再辨析——兼与张立生先生商榷［J］.地理与地理信息科学，2014，30（04）：78-84.

［120］Singh S. The tourism area life cycle：A clarification［J］. Annals of Tourism Research，2011，38（3）：1185-1187.

［121］刘泽华，张捷，黄泰，等.旅游地旅游产品生命周期复合模型初探——旅游地生命周期的一种机制假说［J］.南京师大学报（自然科学版），2003，26（3）：106-111.

［122］许春晓."旅游产品生命周期理论"的理论思考［J］.旅游学刊，1997，12（15）：44-47.

［123］阎友兵.旅游地生命周期理论辨析［J］.旅游学刊，2001，16（06）：31-33.

［124］Butler R W. The tourism area life cycle：applications and modifications［M］. Clevedon，England：Channel View Publications，2006.

［125］Getz D. Tourism planning and destination life cycle［J］. Annals of Tourism Research，1992，19（4）：752-770.

［126］Choy D. Life cycle models for Pacific island destination［J］.Journal of Travel Research，1992，30（3）：26-31.

［127］李金峰，时书霞.Butler 旅游地生命周期理论的拓展与实践——以敦煌雅丹国家地质公园为例［J］.淮海工学院学报（人文社会科学版），2014（9）：83-85.

［128］郭凌，王志章.制度嵌入性与民族旅游社区参与——基于对泸沽湖民族旅游社区的案例研究［J］.旅游科学，2014，28（02）：12-22.

［129］李柏文.中国少数民族地区旅游业发展 30 年：业绩、经验及趋势［J］.广西大学学报（哲学社会科学版），2009，31（6）：10-16.

［130］刘安全.近二十年来民族地区旅游研究综述［J］.边疆经济与文化，2008（4）：11-13.

［131］谭志满，刘双燕.近二十年我国民族村寨文化旅游研究进展评析［J］.广西民族研究，2016（5）：149-155.

［132］卢世菊，柏贵喜.民族地区旅游扶贫与非物质文化遗产保护协调发展研究［J］.中南民族大学学报（人文社会科学版），2017（02）：79-84.

［133］马东艳.民族村寨旅游发展中主要社会问题研究［J］.贵州民族研究，2015（6）：162-164.

［134］王汝辉，刘旺.民族村寨旅游开发的内生困境及治理路径——基于资源系统特殊性的深层次考察［J］.旅游科学，2009，23（3）：1-5.

［135］刘莉萍.民族村寨旅游扶贫的冲突演进与应对之策——以中俄边境村落室韦为例［J］.西南民族大学学报（人文社科版），2016（10）：130-134.

［136］杨军.民族村寨旅游开发中的利益冲突及化解机制研究［J］.湖北民族学院学报（哲学社会科学版），2016，34（4）：100-150.

［137］胡家镜．民族旅游村寨自组织困境与社会网络信任构建［J］．贵州民族研究，2016（9）：73-76．

［138］文晓国，李忠斌，李军．论特色村寨建设中社区居民利益保障机制及实现方式［J］．贵州民族研究，2016（5）：27-32．

［139］陈思莲．旅游开发与民族村寨社会变迁［J］．中南民族大学学报（人文社会科学版），2013，33（4）：46-49．

［140］刘志宏，李钟国．城镇化进程中少数民族特色村寨保护与规划建设研究——以广西少数民族村寨为例［J］．广西社会科学，2015（9）：31-34．

［141］李忠斌，郑甘甜．论少数民族特色村寨建设中的文化保护与发展［J］．广西社会科学，2014（11）：100-135．

［142］谢萍，朱德亮．论人类学视角下民族村寨旅游可持续发展模式［J］．贵州民族研究，2014（6）：105-108．

［143］陈志永．少数民族村寨社区参与旅游发展研究［M］．北京：中国社会科学出版社，

［144］赵修义，朱贻庭．权利、利益和权力［J］．毛泽东邓小平理论研究，2004（5）：3-9．

［145］孙国华，孟强．权力与权利辨析［J］．法学杂志，2016，37（7）：1-7．

［146］魏小安．旅游强国之路［M］．北京：中国旅游出版社，2003．

［147］郁涛．新媒体时代媒体承担哪些社会责任［A］．人民论坛，2018（21）：80-81．

［148］林文勋，张锦鹏，杨华星．云南少数民族村寨经济现状及发展对策［J］．云南民族大学学报（哲学社会科学版），2002，19（4）：28-32．

［149］纪金雄．古村落旅游利益主体的利益诉求实证分析——以武夷山下梅古村落为例［J］．曲阜师范大学学报（自然科学版），2011，37（3）：87-92．

［150］李乐京．民族村寨旅游开发中的利益冲突及协调机制研究［J］．生态经

济（中文版），2013（11）：95-98.

［151］冀瑞鹏.古村落旅游利益主体诉求及表达途径研究［D］.芜湖：安徽师
范大学，2013.

［152］胡北明，雷蓉.遗产旅游地核心利益相关者利益诉求研究——以世界遗
产地九寨沟为例［J］.四川理工学院学报（社会科学版），2014（4）：
32-42.

［153］刘孝蓉.文化资本视角下的民族旅游村寨可持续发展研究［D］，武汉：
中国地质大学，2013.

［154］胡文海.基于利益相关者的乡村旅游开发研究——以安徽省池州市为
例［J］.农业经济问题，2008（7）：82-86.

［155］王翔宇，翁时秀，彭华.旅游地乡村社区居民利益诉求归类与差异化
表达——以广东南昆山核心景区为例［J］.旅游学刊，2015，30（5）：
45-54.

［156］曹端波，刘希磊.民族村寨旅游开发存在的问题与发展模式的转
型［J］.经济问题探索，2008（10）：128-132.

［157］吴晓山.冲突在民族文化旅游中的动因与消解［J］.四川民族学院学报，
2013，22（4）：37-46.

［158］杨超，刘彤.当前中国城乡利益格局失衡困境与调整路径［J］.湖北社
会科学，2016（1）：43-48.

［159］《邓小平文选》（第2卷），人民出版社1994年版。

［160］Valadez J. Deliberative Democracy，Political Legitimacy，and Self-
determination in Multi-cultural Societies，USA Westview Press，2001.30.

［161］奥斯特罗姆.公共事务的治理之道——集体行动制度的演进［M］.上海：
上海三联书店，2000.

［162］杨瑜婷，何建佳，刘举胜."乡村振兴战略"背景下乡村旅游资源开发
路径演化研究——基于演化博弈的视角［J］.企业经济，2018（1）：
24-30.

后 记

  本研究是在我的博士论文的基础上形成的，在导师吕宛青教授的严格要求下和云南省旅游规划研究院的支持下进行修改完善，得以顺利出版。在此，本人表示衷心的感谢。

  四年的博士经历于我而言是一笔宝贵的财富，我付出了美好的青春时光，同时，也收获到了非常多的东西：对自己更加清晰的认识、解决问题的系统方法、丰富的专业知识、对于人生更加自信的态度、不放弃和不服输的精神等。回望四年博士的学习与生活，不可谓不枯燥，不可谓不无聊，不可谓不辛苦，正是付出过程之艰难，才倍感收获成果之不易。一个人可以走得很快，如果想要走得更远，就需要一群人，在读博的过程中，有这么一群人，帮助我走得更远。借助毕业论文完成的机会，我想对给予我帮助的老师、家人、同学以及朋友表示由衷的感谢，谢谢你们，是你们的关心和帮助，让我拥有了这段难忘的求学时光，让我能够走得更远。

  感谢我的导师。还记得入学时，我说，"以后要多向您学习"，她却说，"博士的学习更多是自己的思考和创新，我以后还要向你们学习"。正是这句话，开启我的博士求学路，不断地阅读和写作，反复地思考和批判，让我的思想更加独立，精神更加丰盈。这篇论文的完成也来自于导师用心的付出，论文的选题来源于导师的自科基金项目，在案例调研以及论文撰写的过程中，导师也给了我非常多的有价值的指导意见。

  感谢学院各位任课老师的培养与教导，我从你们的课堂上得到许多学术及科研的启发；感谢研究生办公室各位老师的支持与服务，从开题到答辩，多谢你们的认真安排；感谢我的辅导员，事无巨细地通知我们各项事宜，像姐姐一样关心我们。

感谢我的硕士导师杜靖川教授在写作思路及方法上对我的指导，我的写作论文工作室与老师的工作室只有一间教室之隔，当我遇到问题时，经常向老师请教，老师总是不厌其烦地为我解答。还要感谢在我开题中给予我指点和帮助的老师，你们使我的研究思路愈加清晰；感谢在我预答辩中给予指导的老师，你们使我的研究问题进一步明确，研究逻辑进一步完善。再一次感谢你们，同时也感谢在我书稿修改过程中给予我建议的各位老师。

感谢工商管理与旅游管理学院的刘明老师，当我思路混乱的时候，向他请教，总是能够得到他慷慨的帮助，让我有拨云见日之感。感谢师兄胡韬，在软件运用方面给了我非常多的指导。感谢师姐倪向丽，师弟汪熠杰，师妹张雨阳、张艳、李湘莹，陪着我一起做田野调查，在问卷发放、田野资料整理方面给了我非常多的帮助。

在本研究即将付梓之际，感恩那些给予我帮助的可爱的人，你们如星星般在我的生命中闪闪发光。祝愿你们在今后的学习、工作、生活中身体安康、万事如意。

张冬

2023 年 12 月

项目策划：段向民
责任编辑：沙玲玲
责任印制：钱　戌
封面设计：武爱听

图书在版编目（ＣＩＰ）数据

云南省少数民族村寨旅游利益演化及调控研究／张
冬著．－－北京：中国旅游出版社，2024.10
ISBN 978-7-5032-7311-7

Ⅰ．①云… Ⅱ．①张… Ⅲ．①少数民族－乡村旅游－
旅游业发展－研究－云南 Ⅳ．①F592.774

中国国家版本馆CIP数据核字(2024)第080624号

书　　名：	云南省少数民族村寨旅游利益演化及调控研究

作　　者：张　冬
出版发行：中国旅游出版社
　　　　　（北京静安东里 6 号　邮编：100028）
　　　　　http://www.cttp.net.cn　E-mail:cttp@mct.gov.cn
　　　　　营销中心电话：010-57377103，010-57377106
　　　　　读者服务部电话：010-57377107
排　　版：北京旅教文化传播有限公司
经　　销：全国各地新华书店
印　　刷：北京明恒达印务有限公司
版　　次：2024 年 10 月第 1 版　2024 年 10 月第 1 次印刷
开　　本：720 毫米 × 970 毫米　1/16
印　　张：13
字　　数：190 千
定　　价：59.80 元
ＩＳＢＮ　978-7-5032-7311-7